孟飞 著

做父母是一种修行

天津出版传媒集团

天津科学技术出版社

图书在版编目（CIP）数据

做父母是一种修行 / 孟飞著. -- 天津：天津科学技术出版社，2025. 4. -- ISBN 978-7-5742-2865-8

I. G78

中国国家版本馆 CIP 数据核字第 20256RE157 号

做父母是一种修行
ZUO FUMU SHI YIZHONG XIUXING

策划编辑：杨　譞
责任编辑：杨　譞
责任印制：刘　彤

出　版：	天津出版传媒集团
	天津科学技术出版社
地　址：	天津市西康路 35 号
邮　编：	300051
电　话：	（022）23332490
网　址：	www.tjkjcbs.com.cn
发　行：	新华书店经销
印　刷：	三河市燕春印务有限公司

开本 880×1230　1/32　印张 8　字数 136 000
2025 年 4 月第 1 版第 1 次印刷
定价：38.00 元

前言

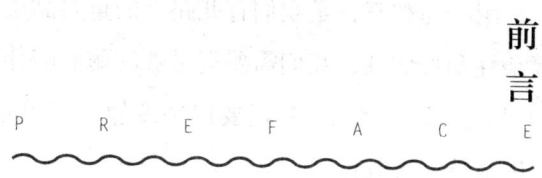

　　为人父母，是一段既漫长又奇妙的自我成长之旅。它不仅关乎孩子的成长，更是我们内在蜕变与自我超越的过程。在这场爱的探险中，我们既是孩子的守护者，也是自我提升的修行者，通过育儿，我们能更深刻地领悟生命的真谛，并在陪伴孩子的过程中遇见更优秀的自己。

　　全心投入，是这段旅程的基石。孩子的成长需要我们倾注大量的时间与精力，甚至可能要牺牲个人兴趣与职业发展。然而，这种付出是双向成就的——它不仅塑造了孩子的未来，也促进了我们心灵的成长和自我价值的提升。

　　持续学习，是育儿不可或缺的一环。我们需要掌握育儿知识，了解孩子成长规律和心理需求，用科学的方法引导他们健康成长。我们需要保持开放的心态，接纳新的育儿理念，提升教育水平，以适应孩子不断变化的需求。

耐心与智慧，是我们育儿路上的重要品质。面对孩子成长的复杂性和长期性，我们需要有足够的耐心陪伴，同时以智慧理解和引导。面对挑战，我们要保持冷静，用耐心和智慧化解矛盾，促进孩子健康成长。

无私的爱与包容，是育儿旅程的基石。我们应无条件地爱孩子，无论他们遇到何种困难，都应该给予支持与鼓励。与此同时，包容孩子的不足，用理解与宽容的心态接纳他们，让他们在充满爱的环境中茁壮成长。

坚定的信念与毅力，是育儿的动力源泉。面对育儿路上的挑战，坚守教育理念，拥有毅力和决心，方能攻克难关，完成育儿使命。

本书正是基于这样的理念而撰写，其目的在于帮助父母在育儿过程中实现自我成长和孩子的全面发展。全书共八章，从内在成长、顺应天性、育儿环境选择、生养成本智慧、接纳理解、高效陪伴、超越分数到为未来准备，全方位解读育儿难题，提供实用的育儿指南。

我们希望通过这本书，让读者在育儿的道路上更加从容不迫、自信坚定。我们相信，只要用心去修行，每一位父母都能成为孩子成长道路上的明灯，照亮他们前行的路，同时，父母自身也能在这场修行中，不断遇见更好的自己。

让我们携手共进，在育儿的修行中，共同书写属于我们的美好篇章，见证彼此的成长与蜕变。

目录

第一章
父母之路——内在成长与共育之道

内在转变：成为父母的心灵之旅	001
自我提升：塑造更好的自己	004
伙伴关系：共塑育儿理念	008
家庭和谐：在差异中寻找共识	011
育儿愿景：设定家庭的价值观与目标	014

第二章
顺应天性——孩子的自然成长之旅

放下超前教育，让孩子的成长回归自然	017
拒绝制造"神童"，耐心等待花开	023
顺应自然，孩子说话、走路自有节奏	027
理性看待生病，孩子成长的必经之路	031
身高不是一切，关注孩子的整体发展	035

磕碰中成长，让孩子自由体验　　　　　　043

饮食与营养，适度放手，相信孩子的本能　　048

第三章
育儿环境之思——明智选择，避免盲目跟随

兴趣班之选，合适胜于跟风　　　　　　　051

幼升小准备，平和过渡，助力入学　　　　056

零食，适度享受，不必过度焦虑　　　　　061

电子产品，引导孩子健康使用　　　　　　067

专家意见，取其精华，去其糟粕　　　　　070

网络信息，学会辨别，不必盲目跟随　　　074

消费观念的引导：教育孩子区分需要和欲望　076

第四章
生养成本的智慧——精打细算育儿经

食物的价值，不在于价格，而在于营养　　081

智慧育儿，书房胜过学区房　　　　　　　084

和睦友爱的家比住什么样的房子更重要　　090

玩具，益智不必贵，适合才是关键　　　　094

孩子衣着，简单舒适就好　　　　　　　　100

补习班，按需选择，不必攀比　　　　　　105

第五章
接纳与理解——如何更好地爱孩子

不苛求孩子成为那凤毛麟角的 1%   109
不苛求自己，孩子不需要完美父母   114
情绪管理，与孩子共同面对与处理负面情绪   119
犯错即成长，让孩子从错误中学习与成长   125
尊重孩子的天性，不强求内向的孩子变外向   131
学会倾听，给孩子真实表达的机会   135

第六章
高效陪伴——培养孩子的独立性与责任感

家务的分享，亲子时光，共同成长   139
作业的指导，引导而非监督   143
适当示弱，激发孩子的责任感与自主性   150
放手尝试，允许失败，让孩子自我探索   156
自主决策，越早放手，孩子越早独立   160
建立亲子边界，让你和孩子都轻松   167

第七章
超越分数——全面评价孩子的成长

成绩非唯一，注重孩子的全面发展   173
7 至 17 名的启示，成绩背后的成长更重要   177

管得越多，孩子成绩可能越差　　183

父母的付出，不等同于孩子的成绩　　190

孩子成绩不好，鼓励比批评更有力量　　195

分数之外，激发孩子的生活情趣　　199

第八章
为未来做准备——培养孩子的综合能力

自信是孩子走向未来的第一品格　　205

吃过苦的孩子，不畏未来风雨　　212

创造力，人工智能无法替代的能力　　217

抗挫折力，是孩子行走世界的底气　　223

竞争意识，适度培养，不必过度　　227

独立思考的能力，孩子未来更优秀的关键　　232

终身学习力，是孩子未来的武器和铠甲　　235

财商教育，给予孩子驾驭金钱的能力　　240

父母之路
——内在成长与共育之道

● **内在转变：成为父母的心灵之旅**

当我们踏入人生的新阶段，成为父母的那一刻，仿佛整个世界都为之震动。这不是一个简单的身份转变，而是一场深入骨髓、触及灵魂的洗礼。从那一刻起，我们不再只是独立的个体，而是拥有了需要全身心去守护的另一个生命。这个过程，就像一场心灵的修行，需要我们不断地去学习、成长和适应。

《遇见孩子，遇见更好的自己》的作者之一戴维说："之所以成为父母，不是要我们去书写孩子的人生，而是为了净化我们的心灵，让我们彻头彻尾地改变自己。只有明白这一点，我们才有机会进步、成长、成熟。"

成为父母，是一段全新的旅程，它要求我们以一种全新的方式去爱。这种爱，超越了对伴侣、朋友及家人的爱，它更加深沉、更加无私。它不仅要求我们在物质上满足孩子的需求，更要在精神上给予他们坚实的支持和正确的引导。我们要学会将自己的情感和精力，毫无保留地投入孩子的成长中，这不仅是一份责任，更是一种荣耀。

在这个过程中，我们需要关注孩子的每一个成长阶段，从他们迈出人生的第一步、第一次说出完整的句子，到他们初次面对生活的挑战、第一次独立做出选择。每一个细节都值得我们去关注和珍视。我们不仅要关注他们的物质需求，更要细心体察他们的情感需求。我们需要用心去体会他们的喜怒哀乐，理解他们的内心世界，感受他们的情感变化。这样的爱，需要我们拥有强大的内心和坚定的信念。

在育儿的旅程中，我们不可避免地会遇到各种挑战和难题。孩子的成长之路并非总是一帆风顺，他们可能会表现出叛逆行为，可能会犯错误，有时甚至可能会让我们感到失望。然而，正是这些挑战和困难，为我们提供了宝贵的机会去深入反思，审视我们自身的行为和态度。通过这些经历，我们能够更加深刻地认识到尊重孩子的重要性。

尊重孩子，意味着尊重他们的个性、他们的选择及他们的意愿。这不仅仅是一种表面的礼貌，更是一种深层次的理解和接纳。我们需要放下个人的固执和偏见，真心实意地去倾听孩子的声音，以便理解他们的需求和感受。通过这样的尊重，我们才能够建立起与孩子之间更深层次的沟通和联系。

在这一过程中，我们也需要学会如何表达我们的爱和支持。

爱孩子，不仅是在他们成功时给予赞扬，更在于在他们失败或犯错时给予理解和鼓励。通过这样的爱，孩子能够感受到来自我们的支持，增强他们的自信心和安全感。这样的爱和尊重，不仅能够让我们与孩子的关系更加和谐，也能够促进他们的健康成长。

除了爱和尊重，我们还需要学会去理解。每个孩子都是一个独特且独立的个体，他们的思维方式、情感表达和个人需求都各有特色。这要求我们作为父母不仅要用眼去观察，更要用心去感知他们的内心世界。理解孩子，就是理解他们的想法、感受和行为背后的动机。

要做到这一点，我们需要培养一颗开放和包容的心。这意味着我们要接受孩子的不同，欣赏他们的独特性，哪怕这些特质与我们的期望或习惯不同。每个孩子都有自己的成长节奏和轨迹，我们不能简单地用同一标准去衡量他们的成就。理解他们，就是给予他们足够的空间和时间，让他们能自由探索自己的兴趣和潜能。

在这一过程中，耐心和细心是不可或缺的。我们要学会站在孩子的立场上去思考，尊重他们的选择，支持他们的决定。这种理解不是一蹴而就的，而是需要我们不断地学习和实践。通过这样的理解，我们不仅能够帮助孩子更好地成长，也能加深与他们的关系，建立更深厚的信任。理解孩子，不仅是育儿的智慧，更是爱的深沉表达。

成为父母，不仅是身份的转变，更是一场深刻的内在修行。这趟旅程漫长且充满挑战，它要求我们不断学习如何去爱、如何去尊重、如何去理解。这些能力不仅帮助我们与孩子建立深厚的联系,也促使我们自身成长为更优秀的个体。

在这场修行中,我们逐渐学会放下自我,倾听孩子的声音。我们开始理解,爱不仅仅是给予,更是接受和理解。它要求我们无条件地接纳孩子的个性、尊重他们的选择、理解他们的情感。这种爱,是深沉而无私的,它超越了物质的给予,触及心灵的深处。

在育儿的过程中,我们不断地反思自己,审视自己的行为和态度。我们学会了从孩子的成长中汲取智慧,从他们的错误中学习,从他们的成功中获得启示。这些反思和审视,让我们不断成长,不断进步。

成为父母的心灵之旅,是一场充满爱、尊重和理解的修行。它不仅让我们成为更好的父母,也让我们成为更好的人。让我们在这场修行中,不断学习、不断成长,用心陪伴孩子,共同经历这段美好的人生旅程!

● 自我提升:塑造更好的自己

在育儿这条充满挑战与机遇的道路上,每一位父母都渴望成为孩子成长路上的明灯,照亮孩子前行的方向。自我提升,不仅仅是为了个人的成长,更是为了能够给予孩子更优质的陪伴与指导。那么,父母如何在育儿过程中塑造更好的自己,为孩子铺设一条通往成功的道路呢?

>>> 自我认知:了解自己的优势与不足

自我提升的第一步是拥有清晰的自我认知。这意味着我们需要深入了解自己的内心世界，认识到自己的优点和不足。每个人都有自己的长处，比如耐心、创造力或者沟通能力；同样，我们也有需要改进的地方，比如情绪管理或是时间规划。在育儿的过程中，我们应该发挥自己的长处，同时正视并努力改进自己的不足，以免给孩子带来负面影响。

认识到自己的优势是自我提升的关键。如果我们在沟通上特别擅长，就可以利用这一优势与孩子建立良好的沟通渠道，帮助他们表达自己的感受和需求。如果我们有耐心，就可以在孩子学习新技能或面对挑战时给予更多的支持和鼓励。通过发挥自己的长处，我们可以在育儿过程中更有效地引导和支持孩子。

同时，我们也需要正视自己的不足，并努力改进。比如，如果我们在时间管理上存在欠缺，就需要学习如何更有效地安排家庭和工作的时间，以免影响到孩子的日常生活和学习。如果我们在情绪管理上有所不足，就应该学习如何控制和管理自己的情绪，保持积极乐观的态度，这对孩子的健康成长至关重要。

情绪管理是自我认知中的一个重要方面。作为父母，我们的情绪状态会直接影响到孩子。如果我们经常处于焦虑或愤怒的状态，孩子也可能会感受到这种负面情绪，并可能模仿我们的行为。因此，学会控制和管理自己的情绪，保持积极乐观的态度，对孩子的健康成长至关重要。

总之，自我认知是个人成长和育儿过程中不可或缺的一部分。通过深入了解自己，发挥自己的优势，改进自己的不足，我们可以更好地履行作为父母的角色，为孩子提供一个健康、积极的成长环境。这不仅有助于我们自身的成长，还能为孩子树立良好的榜样。

>>> **持续学习：紧跟时代步伐**

在知识更新迅速的当今时代，持续学习不仅是个人职业发展的需求，更是促进自我提升的关键。作为父母，我们肩负着引导和教育下一代的重任，这要求我们必须不断吸收新的育儿理念和方法，以应对孩子成长过程中的各种挑战。

更新育儿知识

育儿是一门科学，也是一门艺术。随着社会的发展和科学研究的深入，育儿理念和方法也在日益更新。我们需要通过阅读最新的育儿书籍，参加专业的育儿课程，来不断更新自己的知识库。这些书籍和课程往往包含了最新的心理学研究成果、教育学理念及实际育儿案例，它们能够帮助我们更好地理解孩子的成长需求和行为模式。

利用网络平台

除了传统的学习方式，网络平台也为我们提供了丰富的学习资源。通过关注一些专业的育儿公众号、加入育儿论坛、参与在线研讨会，我们可以与更多的父母和专家交流育儿经验，获取最新的育儿资讯。这些平台不仅方便快捷，还能够让我们在忙碌的生活中随时学习，不断充实自己。

参加讲座和研讨会

参加讲座和研讨会也是获取新知识的有效途径。这些活动通常会邀请一些教育专家、心理学家或有经验的父母，分享他们的育儿经验和研究成果。通过面对面的交流，我们不仅可以获得更深入的理解，还能够提出自己的疑问，从而获得更具体的指导。

此外，实践是最好的老师，在日常与孩子的互动中，我们可以不断调整和优化自己的育儿方法。

>>> **保持谦逊：接受批评与建议**

在育儿的过程中，保持谦逊的心态至关重要。我们可能会犯错，也可能会面临挑战。这时，我们应该学会倾听他人的意见和建议，虚心接受批评和指正。这样的态度不仅能帮助我们更好地成长，也能为孩子树立一个积极的榜样。

自我反思：定期评估与调整

自我提升的过程中，自我反思是一个不可或缺的环节。我们应该定期评估自己的育儿方法和效果，根据孩子的反馈和成长情况，及时调整自己的育儿策略。这种自我反思的能力，是自我提升的重要组成部分。

情感连接：建立深厚的亲子关系

在自我提升的过程中，我们不但要关注知识和技能的提升，更要注重与孩子的情感连接。通过共同的活动、深入的对话和真诚的倾听，我们可以建立起深厚的亲子关系，这对孩子的情感发展和社会适应能力有着不可小觑的影响。

榜样的力量：成为孩子的楷模

归根结底，自我提升的目的是成为孩子的榜样。我们的言行举止、价值观和生活态度，都会深深影响孩子。通过不断提升自己，我们可以成为孩子心中那个值得尊敬和学习的榜样，引领他们走向正确的人生道路。

自我提升是一个永无止境的旅程，它要求我们不断地学习、反思和成长。在育儿的过程中，我们不仅要关注孩子的成长，更要关注自己的进步。在这个过程中,我们可能会遇到挫折和困难,但只要坚持不懈,看到孩子在我们的陪伴和引导下健康成长,所有的努力都是值得的。

我们应该把自我提升视为一种投资,不仅投资于自己的成长,更投资于孩子的未来。只有这样,我们才能给予孩子最好的教育、最恰当的引导和最深沉的爱。让我们一起努力,成为更好的自己,为孩子点亮未来的道路,共同迎接每一个灿烂的明天。

● 伙伴关系:共塑育儿理念

育儿是一段充满挑战与喜悦的旅程,每一位父母都是孩子人生道路上的重要导师和亲密伙伴。作为父母,我们不仅是孩子的养育者,更是他们成长的引路人和心灵的守护者。在这个特殊的角色中,与伴侣共同成长,共同塑造一套适合自己家庭的育儿理念,显得尤为重要。

育儿理念,并非一蹴而就的决策,它源于我们对生活的理解、对教育的认知及对孩子的期望。这套理念不仅关乎孩子的物质需求,更关乎他们的精神成长和未来发展。它渗透在我们与孩子的日常互动中,影响着我们处理孩子情绪的方式、引导孩子学习的策略,以及塑造孩子品格的点滴努力。

然而,要共塑这样一套理念并非易事。每个家庭都有其独特的背景和经历,每个父母都有自己的教育观和价值观。因此,我们需要与伴侣进行深入的沟通和交流,共同探索适合我们家庭的育儿之道。

首先，我们需要了解彼此的成长经历和教育背景。这些经历塑造了我们的性格和价值观，也影响了我们对育儿的看法和期望。通过分享彼此的故事和思考，我们可以更好地理解对方，找到我们之间的共鸣和差异。

其次，我们需要明确我们对育儿的期望和目标。我们希望孩子成为怎样的人？我们希望他们拥有哪些品质和能力？这些目标将指引我们在育儿过程中的决策和行动。我们需要与伴侣共同讨论这些问题，明确我们的期望和目标，以便在育儿过程中保持一致和协调。

在共塑育儿理念的过程中，尊重至关重要。我们需要尊重彼此的意见和选择，理解彼此的想法和感受。当我们在某些问题上存在分歧时，我们需要冷静沟通、理性分析，找到双方都能接受的解决方案。只有这样，我们才能建立起一个和谐、稳定的家庭环境，为孩子提供一个良好的成长氛围。

当然，共塑育儿理念并不意味着我们要完全摒弃自己的想法和观点。相反，我们应该勇于表达自己的想法和观点，与伴侣共同探讨和协商。通过不断地沟通交流，我们可以逐渐找到适合我们家庭的育儿方式，也可以让我们的孩子从中受益。

在共塑育儿理念的过程中，我们可以从以下几个方面入手：

>>> **设定家庭纪律和规则**

在孩子的成长过程中，家庭纪律与规则是其发展不可或缺的核心要素。这些纪律和规则不仅为孩子们提供了有序的成长环境，还在培养他们的责任感、自律性及对社会规则的尊重方面发挥着关键作用。为确保这些纪律和规则的有效性，我们必须与伴侣充分沟通和讨论，共同探讨如何合理设定家庭纪律与规则，如何在给予孩子足够自由的同时，保持必要的约束。我们还需要思考如何以恰当的方式教育孩子，让他们从内心深处理解和接受这些规则，进而能够在日常生活中自觉地遵守。这不仅是一项长期的家庭建设任务，也是我们对孩子未来负责的重要体现。

>>> **培养自主学习能力**

在这个信息飞速更新的时代，自主学习能力已经成为孩子未来发展的关键。它不仅是孩子获取知识的重要途径，更是他们适应社会、实现自我价值的必备能力。因此，我们作为家长，必须与伴侣携手合作，深入探讨如何有效地激发孩子的学习兴趣，如何系统地培养他们的自主学习能力，以及如何全面地提供必要的学习资源与支持。

我们要通过一系列的策略和措施，比如营造一个有利于学习的家庭环境，鼓励孩子探索自己的兴趣点，教会他们如何设定学习目标和管理时间，以及如何利用现有资源进行高效学习。我们的共同目标是通过不懈的努力和智慧的协作，让孩子在学习的道路上越走越宽广，越走越自信。

>>> **塑造品格和价值观**

在孩子成长的道路上，品格与价值观如同灵魂的指南针，深刻影响着孩子的行为模式和精神面貌。这些核心要素塑造了孩子的道德基准和行为准则。因此，我们作为家长，必须与伴侣共同探讨如何对孩子进行品格和价值观的教育，尤其是如何传授诚实、尊重、同情心等至关重要的品质。

我们需要深入交流，共同策划如何通过日常生活小事及我们的言行举止，来教育和引导孩子。通过言传身教和榜样示范，我们可以逐步帮助孩子树立正确的价值观和健全的道德观念。在这个过程中，我们不仅要传授知识，更要传递美德，让这些美好的品格和价值观在孩子心中生根发芽，成为他们人生旅途中的坚实支撑。

总之，与伴侣共同成长、共塑育儿理念是我们育儿旅程中不可或缺的一部分。通过深入的沟通和交流、尊重彼此的意见和选择，以及勇于表达自己的想法和观点，我们可以找到适合我们家庭的育儿方式，并为孩子创造一个和谐、健康的成长环境。让我们携手共筑育儿之路，为孩子的未来奠定坚实的基础！

● 家庭和谐：在差异中寻找共识

在浩瀚宇宙中，每个家庭都是一颗独特的星辰，有着自己独特的光芒和节奏。然而，在这颗星辰的深处，也难免会有摩擦和碰撞，尤其是在育儿这一重要领域。如何在这些差异中寻找到共识，保持家庭的和谐，成了每一个家庭都需要面对的问题。

想象一下，一个周末的下午，阳光透过窗户洒在客厅的地板上，孩子坐在书桌前，面前堆满了各种作业和练习册。妈妈站在一旁，眼神坚定地说："不做完功课，不能玩玩具！"这句话如同一条铁律，不容置疑。然而，就在此时，爸爸悄悄走到孩子身边，轻声说："玩一会儿，然后认真做功课。"孩子抬头看了看爸爸，眼中闪过一丝犹豫。

妈妈听到了爸爸的话，怒火瞬间上涌。她狠狠地瞪了爸爸一眼,声音中带着几分责备:"不能帮忙,别捣乱行不行!这样能管好孩子吗?"爸爸也不甘示弱,他觉得自己有理有据:"不用那么教条,玩一会儿放松一下,再做功课也容易集中精神。"

……

就这样,孩子的问题还没解决,夫妻两人先吵了起来。家庭的和谐在这一刻似乎变得遥不可及。然而,正是在这样的时刻,我们需要更加冷静地思考,如何在差异中寻找共识,共同为孩子的成长创造一个良好的环境。

首先,我们必须认识到并尊重彼此间的差异。每个人都有独一无二的生活背景和价值观念,这些个性化的特点在育儿的过程中自然而然地显现出来。举例来说,母亲可能更加关注孩子的学业成绩和日常纪律,而父亲则可能更倾向于强调孩子的个人自由和兴趣发展。这些育儿观念上的差异并非无法协调,关键在于我们如何去理解并接纳对方的独特看法。

认识到这一点,我们就能在育儿的过程中保持一种包容和开放的态度。尊重彼此的差异意味着我们愿意倾听对方的观点,接纳不同的意见和建议。这种相互尊重不仅有助于营造一个和谐的家庭环境,还能让孩子从小学习到如何欣赏和接纳多样性,从而在多元化的世界中健康成长。通过这样的互动,我们可以共同为孩子的全面发展提供更加全面和均衡的支持。

接下来,我们必须掌握妥协与让步的艺术。在育儿之旅中,遭遇各种挑战和问题是不可避免的。有时,我们对如何教育孩子会有不同的看法,这可能导致意见的冲突,甚至是激烈的争论。然而,争吵并非解决问题的有效途径,它只会加剧家庭紧张的气氛。

因此，学会妥协和让步变得尤为重要。我们需要努力放下自我，尝试站在对方的立场上去理解和思考问题。通过这种换位思考，我们可以寻找到一个双方都能接受的中间地带，一个既不牺牲自己的原则，也能满足对方需求的解决方案。

只有在愿意妥协和让步的基础上，我们才能在育儿的过程中取得更加积极和有效的成果。这种相互理解和尊重的态度，不仅能够提升我们的育儿效果，还能促进家庭氛围的和谐与温馨。通过妥协，我们向孩子展示了如何在冲突中寻求和平，如何在差异中寻找共识，这是他们未来社会交往中不可或缺的技能。

在上面的例子中，如果妈妈能够稍微放宽一些要求，允许孩子在完成一部分功课后稍微休息一下；如果爸爸能够更加理解妈妈的担忧，支持她对孩子学业的重视。那么，他们或许可以找到一个更加合理的解决方案：比如设定一个固定的休息时间，让孩子在完成一定数量的功课后得到放松和娱乐的机会。这样的做法既满足了孩子的需求，也契合妈妈的期望，同时也让爸爸感到被尊重和理解。

除了妥协和让步，我们还需要与伴侣共同成长。育儿是一个长期的过程，我们需要不断地学习和成长，以适应孩子的成长和家庭的变化。在这个过程中，我们需要共同塑造育儿理念，理解并支持彼此的育儿方式。通过不断地沟通和交流，我们可以逐渐消除分歧和误解，找到共同的育儿目标和愿景。

总之，家庭和谐是育儿过程中不可或缺的一部分。我们需要在差异中寻找共识，尊重彼此的差异，学会妥协和让步，与伴侣共同成长。只有这样，我们才能为孩子创造一个和谐、健康的成长环境，也才能让我们的家庭更加幸福和美满。在育儿的过程中，我们不仅是孩子的父母，更是彼此的支持者和伙伴。

● 育儿愿景：设定家庭的价值观与目标

在人生的旅途中，我们都怀揣着梦想和追求，而在育儿这条道路上，设定家庭的价值观和目标则显得尤为关键。每个家庭都是独一无二的，拥有其独特的文化和氛围。作为父母，我们肩负着培养孩子、塑造他们未来的重任。明确的育儿愿景、家庭价值观和目标，能帮助我们在这条道路上更加坚定地走下去，为孩子铺就一条通往成功和幸福的道路。

>>> 育儿愿景：描绘孩子的美好蓝图

育儿愿景，是我们对孩子未来的期望和憧憬。它应该是积极向上的，充满爱和尊重的。我们期望孩子健康成长，具备独立、自信、勇敢的品质；期望孩子热爱学习，拥有广泛的知识和浓厚的兴趣爱好；期望孩子成为社会的有用之才，为社会做出贡献。

在设定育儿愿景时，我们需要思考以下几个问题：我们希望孩子具备哪些品质？希望孩子在哪些方面取得成就？希望孩子成为什么样的人？通过思考这些问题，我们可以更加清晰地描绘出孩子的美好蓝图，为他们的成长指明方向。

>>> 家庭价值观：构建孩子的精神支柱

家庭价值观是家庭的灵魂，是我们共同信奉和追求的理念。它影响着孩子的思维方式、行为模式和性格特点。积极、健康、和谐的家庭价值观，能够为孩子提供强大的精神支柱，使其在面对困难和挑战时更加坚毅和勇敢。

在构建家庭价值观时，我们需要关注以下几个方面：首先，我们要注重家庭和谐，营造温馨、和睦的家庭氛围；其次，我们要尊重孩子的个性和需求，鼓励他们追求自己的梦想；再次，我们要倡导健康、积极的生活方式，培养孩子良好的生活习惯；最后，我们要注重家庭教育和传承，让家庭文化代代相传。

在构建家庭价值观的过程中，我们可以通过家庭会议、家庭活动等方式，让全家人共同参与讨论和制定。这样不仅能够增强家庭成员之间的沟通和理解，还能够让孩子感受到家庭的温暖和关爱。

>>> **家庭目标：引领孩子走向成功**

家庭目标是我们在育儿过程中追求的具体成果。它应该是具体、可衡量的，能够帮助我们更好地评估育儿成效和孩子的成长情况。设定家庭目标时，我们需要结合孩子的实际情况和兴趣爱好，制订切实可行的计划。

在设定家庭目标时，我们可以从以下几个方面入手：首先，我们可以设定一些短期目标，如提高孩子的学习成绩、培养孩子的兴趣爱好等；其次，我们可以设定一些中期目标，如让孩子参加一些社会实践活动、提高孩子的综合素质等；最后，我们可以设定一些长期目标，如助力孩子考入理想的大学、实现自己的梦想等。

设定了家庭目标之后，我们需要制定相应的计划和措施来确保目标的实现。例如，我们可以制订学习计划、阅读计划、运动计划等，让孩子在各个方面都得到全面的发展。同时，我们还需要关注孩子的反馈和进展情况,及时调整计划和措施,确保目标能够顺利实现。

>>> 成为更好的自己:与孩子共同成长

在育儿的过程中,我们不仅要关注孩子的成长和进步,还要关注自己的成长和提升。成为更好的自己,是我们给孩子最好的礼物和榜样。只有当我们自己不断成长和进步时,才能更好地引导孩子、教育孩子。

为了成为更好的自己,我们需要保持积极的心态和求知若渴的学习态度。我们需要不断学习新的知识和技能,不断提升自己的能力和素质。同时,我们还需要关注自己的情绪和心态变化,保持健康、积极的生活态度。

在育儿的过程中,我们可以与孩子共同成长、共同进步。我们可以一起读书、一起运动、一起探索未知的世界。这样不仅能够增进亲子关系,还能够让孩子感受到我们的关爱和支持。同时,我们还可以通过与孩子的互动和交流,了解他们的需求和想法,更好地满足他们的成长需求。

总之,设定家庭的价值观和目标是我们育儿过程中的重要任务。通过明确育儿愿景、构建家庭价值观、设定家庭目标及成为更好的自己等步骤,我们可以为孩子提供更好的教育和引导,帮助他们成为有品德、有能力、有梦想的人。让我们一起努力,为孩子的成长和家庭的幸福付出我们的努力和爱心!

顺应天性
——孩子的自然成长之旅

● **放下超前教育，让孩子的成长回归自然**

在这个信息爆炸、竞争日益激烈的时代，家长们常常被一种无形的压力所笼罩——"我的孩子会不会输在起跑线上？"这种担忧如同一块巨石，沉甸甸地压在每一位父母的心头。于是，"超前教育"这个看似能够让孩子迅速领先的"捷径"，便悄然成了许多家庭的选择。然而，当我们揭开"超前教育"华丽的外衣，却不难发现其背后隐藏的种种危害，它就像一把双刃剑，在看似给予孩子短暂优势的同时，也悄然剥夺了他们成长中最宝贵的财富。

"3岁识字过千，6岁钢琴10级"，这些看似令人瞩目的成就，实则如同海市蜃楼，虚幻而短暂。家长们热衷于将这些标签贴在自己孩子身上，却往往忽略了这些成就背后的真相——它们往往是以牺牲孩子的童年快乐、身心健康为代价换来的。超前教育，顾名思义，就是要求孩子提前学习超出其年龄阶段的知识和技能。这种做法，看似让孩子在同龄人中脱颖而出，实则是在进行一场没有赢家的竞赛。

>>> **超前教育的危害：无形的枷锁与心灵的创伤**

在探讨超前教育可能带来的负面影响之前，让我们先思考一下教育的本质。教育应该是一个引导孩子发现自我、激发潜能的过程，而不是一场竞赛，更不应该是对孩子施加压力的源头。然而，当教育的步伐超越了孩子的成长节奏，当知识的重量超出了他们稚嫩肩膀的承载能力，我们不得不面对一个严峻的现实：超前教育可能正悄无声息地伤害着我们的孩子。

自我评价的扭曲：从自信到自卑的滑坡

想象一下，一个年幼的孩子，面对着父母强加给他的、远超其理解能力的知识海洋，他会感到怎样的无助和挫败？当一次次努力尝试却仍无法掌握那些复杂的知识时，孩子的内心会悄然发生变化。他们开始怀疑自己的能力，将失败归咎于自己的笨拙。这种长期的挫败感，会逐渐侵蚀孩子的自信心，形成一种难以逆转的自我评价偏差。他们可能会认为，自己天生就不如别人聪明，无论怎么努力都无法改变现状。这种扭曲的自我评价，将伴随他们一生，成为他们成长道路上的沉重负担。

学习热情的消逝：从热爱到厌恶的转变

学习本应是一件充满乐趣和好奇心的事情，但在超前教育的重压下，孩子们却往往对学习产生了排斥甚至厌恶的情绪。他们被迫在本应无忧无虑的童年时光里，去应对那些枯燥乏味的知识点和技能训练。这种强制性的学习模式，不仅破坏了他们对知识的探索兴趣，还让他们对学习产生了恐惧和抵触心理。随着年龄的增长，这种负面情绪可能会愈发严重，导致孩子们对学习失去热情，甚至产生厌学情绪。

成长规律的破坏：从自然到畸形的蜕变

德国教育家弗里德里希·福禄贝尔曾指出，人的发展是一个循序渐进、自然展开的过程。每个阶段都有其特定的任务和特征，需要遵循相应的教育规律。然而，超前教育却无视这种规律，强行将孩子置于超出其年龄和能力范围的学习环境中。这种做法不仅无法促进孩子的全面发展，反而可能破坏他们的成长规律，导致他们出现身心发育不协调、人格发展不健全等问题。例如，一些孩子在超前教育的压力下，可能会出现早熟、焦虑、抑郁等心理问题；还有一些孩子则可能因为过早接触复杂的知识和技能，而忽视了身体素质、情感交流、社会交往等方面的发展。

>>> 回归自然：让教育回归本真

面对超前教育的种种危害，我们不禁要问：难道真的没有办法让孩子在快乐中成长、在自由中探索吗？答案当然是肯定的。要让孩子的成长回归自然，我们需要从以下几个方面入手：

区分早教与超前教育

早教与超前教育，这两者虽看似相近，但实际上在理念、方法和心态上存在显著的差异。早教，是基于孩子成长规律进行的科学教育，强调的是实践、体验和感受，目的是培养孩子的想象力、感受力和观察力。早教的内容丰富多彩，可以是父母陪着孩子在田野间漫步，让孩子亲身体验风、阳光，倾听大自然的声音。也可以在家中创造一个充满学习机会的环境，比如设置一个阅读角落，放置各种绘本和故事书，鼓励孩子探索文字和故事的世界。父母可以和孩子一起阅读，通过互动式阅读来提高孩子的语言理解能力和表达能力。这样的教育不仅使孩子在成长过程中充满乐趣，更能够激发他们对世界的好奇心和探索欲。

然而，超前教育则与之大相径庭。它往往以应试知识为主要内容，如语文、数学、英语等，采用重复灌输的教学方式，要求孩子不断地听课、背诵，以掌握知识。在这样的教育模式下，孩子的学习过程往往缺乏乐趣，容易感到枯燥乏味，甚至可能产生厌学情绪。

除了教育内容和方式的不同，早教和超前教育在父母的心态上也有所区别。进行早教的父母，往往以轻松、愉悦的心态引导孩子探索世界，注重循循善诱，让他们在实践中学习、成长。而采用超前教育的父母，由于过分追求孩子的学业成绩，往往心态急躁、焦虑，容易给孩子带来过大的压力。

在经济大潮的推动下，越来越多的早教机构应运而生，但很多机构往往打着"早教"的旗号，行"超前教育"之实，贩卖知识焦虑，让父母陷入迷茫。因此，父母在选择教育方式和机构时，一定要保持理智清醒，明确区分早教和超前教育，选择符合孩子年龄和发展规律的教育方式，避免成为被收割的"韭菜"。

拒绝盲目攀比

"别人家的孩子"永远是我们难以企及的标准。在这个多元化的社会中，每个孩子都是独一无二的个体，他们拥有不同的兴趣、特长和潜力。因此，家长们应该摒弃盲目攀比的心态，学会欣赏自己孩子的独特之处,并给予他们充分的支持和鼓励。只有这样,孩子们才能在自由、宽松的环境中健康成长,展现出自己的光芒。

培养孩子的综合素质

教育的目的不仅仅是传授知识和技能,更重要的是培养孩子的综合素质。这包括道德品质、心理素质、身体素质、审美素质等多个方面。因此,我们在教育孩子时,应该注重培养他们的综合素质,而不是仅仅关注他们的学习成绩。比如,可以鼓励孩子参加体育锻炼、音乐舞蹈等兴趣班活动;也可以带孩子参加社会实践,如志愿服务等公益活动;还可以与孩子一起阅读经典书籍、观看优秀影视作品等文化活动。这些活动不仅能丰富孩子的课余生活,还能促进他们的全面发展。

尊重孩子的成长节奏

每个孩子都有自己的成长节奏和速度。有的孩子在某些方面可能发展得比较快一些,而有的孩子则可能需要更多的时间和耐心来适应新环境和新知识。因此,我们在教育孩子时应该尊重孩子的成长节奏和个体差异,不要急于求成或者强迫孩子按照自己的意愿去发展。要给予孩子足够的自由和空间,让他们按照自己的节奏去探索、去尝试、去犯错。因为,正是这些看似不起眼的经历,构成了孩子成长道路上最宝贵的财富。

>>> **让教育成为滋养心灵的甘露**

教育,从本质上来说,是一种对心灵的滋养和启迪。它应该像春雨般润物无声,滋养着孩子的心田;它应该像灯塔般照亮前路,引领孩子走向更加宽广的世界。然而,在超前教育的阴影下,教育却往往变成了一种机械式的灌输和压迫,让孩子们在沉重的学业负担下喘不过气来。

为了改变这种现状，我们需要让教育回归其本质——成为滋养孩子心灵的甘露。这要求我们在教育过程中，不仅要关注孩子的知识和技能掌握情况，更要关注他们的情感需求、心理变化和人格发展。我们要用爱心和耐心去倾听孩子的心声，用理解和包容去接纳他们的不足，用鼓励和支持去激发他们的潜力。

具体来说，我们可以通过以下方式来实现：

建立良好的亲子关系

亲子关系是教育的基石。一个和谐、温馨的家庭环境，能够让孩子感受到父母的关爱和支持，从而建立起积极、健康的自我认知和情感体系。因此，我们要多花时间陪伴孩子，与他们交流沟通，了解他们的内心世界和成长需求。

培养孩子的兴趣爱好

兴趣是最好的老师。当孩子对某个领域或某项活动产生浓厚的兴趣时，他们会自然而然地投入更多的时间和精力去学习、去探索。因此，我们要尊重孩子的兴趣选择，鼓励他们尝试不同的活动和领域，培养他们多元化的兴趣爱好。

注重孩子的心理健康

心理健康是孩子成长的重要保障。我们要关注孩子的情绪变化和心理状态，及时给予他们心理疏导和支持。当孩子遇到困难和挫折时，我们要引导他们以积极的心态去面对和解决问题；当孩子取得进步和成就时，我们要给予他们充分的肯定和鼓励。

鼓励孩子参与社会实践

社会实践是孩子成长的重要途径。通过参与社会实践活动，孩子可以接触到更广阔的社会环境和人群，了解社会的运作规则及人际关系处理方式。这不仅能够拓宽他们的视野和知识面，还能够培养他们的社会责任感和公民意识。

>>> 让孩子的成长回归自然

在这个快节奏、高压力的时代里，我们往往容易忽略孩子成长的真正需求。我们过于追求成绩和名次，却忘记了教育的本质和目的。其实，每个孩子都是一颗独一无二的种子，他们需要的，不是被强行催熟及被动地接受知识灌输，而是被给予充足的阳光、雨露和土壤，得以按照自己的节奏茁壮成长。

因此，让我们放下超前教育的执念吧！让我们以更加开放、包容和理性的心态去面对孩子的成长和教育问题。让我们尊重孩子的个性和差异，给予他们足够的自由和空间去探索和尝试；让我们关注孩子的情感需求和心理健康，用爱心和耐心去滋养他们的心灵；让我们鼓励孩子参与社会实践和多元发展，培养他们的综合素质和创新能力。

只有这样，我们才能让孩子的成长真正回归自然，让他们在快乐、自由、健康的环境中茁壮成长，绽放出属于自己的光彩！

● 拒绝制造"神童"，耐心等待花开

在当今这个信息爆炸的时代，"神童"二字如同磁铁一般，紧紧吸附着无数父母的心。从那些小小年纪便掌握高深科技知识的天才少年，到每日笔耕不辍、诗如泉涌的文学新星，每一个"神童"的诞生都似乎在诉说着教育奇迹的无限可能。然而，

在这场看似光鲜亮丽的"造神"运动中,我们是否真正思考过:盲目追求"神童"光环的背后,究竟隐藏着怎样的代价与风险?

张世林,自小便展现出了超乎常人的学习能力。在父母的精心培养下,他三年级就轻松完成了小学六年的学业。面对这样的成绩,张世林的父母与教师进行了深入的讨论,最终决定让他跳过几个年级,直接进入初中学习。这一决定,无疑是对张世林智力与能力的高度认可,也寄托了家人对他未来无限的期望。

然而,进入初中后,张世林很快便感受到了前所未有的压力。与小学相比,初中的学科种类大幅增加,课程难度也显著提升。面对这些突如其来的变化,张世林显得有些力不从心。他的成绩开始下滑,甚至一度徘徊在及格线边缘。这对于一向优秀的他来说,无疑是一个巨大的打击。

为了帮助张世林尽快适应初中的学习节奏,父母为他报了三个补习班,几乎占据了他所有的周末和假期时间。补习虽然在一定程度上弥补了他学习上的不足,但也让他失去了与同龄人相处、享受童年乐趣的机会。长时间的补习生活让张世林感到疲惫不堪。最终,在父母的坚持和他自身的努力下,直至高考结束,15岁的他成功被大学录取。

面对记者的提问,张世林的父亲颇为自豪地回答说:"他从小就喜欢挑战困难,对已经完全掌握的知识毫无兴趣,为了让他更好地学习,我们才选择让他跳级。"

但对于张世林而言,跳级给他带来的则是难言的漫长孤独。不断跳级意味着与同学相处的时间很短,根本没有时间去交朋友。而自己的不同，让他收到的也都是同学异样的目光和不想靠近的疏离。给他留下最深印象的是小学的一堂体育课，同学们围成一圈，有说有笑，只有自己独自站在一旁，无人理会，而这一幕在他的学生时代出现了很多次。他在接受采访时表示，如果可以重新来过，他更愿意慢慢升学。

张世林的故事，是许多"神童"成长轨迹的一个缩影。在父母的精心规划与高压推动下，他仿佛乘坐了通往成功的快车道，一路领先同龄人。然而，当镜头转向他内心的世界，我们却看到了另一番景象：孤独、无助，以及对同龄人生活的深深向往。张世林的父亲或许自豪于儿子的成就，却未曾意识到，那些被跳过的岁月，正是孩子性格塑造、情感交流的关键时期。正如教育家苏霍姆林斯基所言："教育的本质意味着，一棵树摇动另一棵树，一朵云推动另一朵云，一个灵魂唤醒另一个灵魂。"而张世林所缺失的，正是这份来自同龄人的陪伴与共鸣。

"制造神童"现象的背后，是父母对孩子教育问题深深的焦虑与不安。这种焦虑，一方面源自父母的炫耀心理，即希望通过孩子的优秀来彰显自己的教育成果，获得社会的认可与赞美；另一方面，则是对孩子未来脱离原生阶层、实现阶层跃升的迫切期望。然而，正如心理学家阿尔弗雷德·阿德勒所言："追求卓越是人类的本能，但过度追求则会导致自我毁灭。"当这种期望超出孩子的实际能力范围时，不仅无法激励他们前进，反而会成为他们心理的沉重负担，导致孩子身心俱疲，甚至产生逆反心理。

那么，父母应该如何正确认识和对待"神童"现象？

>>> **警惕利益链条的侵蚀**

在探讨"神童"现象时,我们不难发现,这一现象的背后往往潜藏着一条错综复杂的利益链条。在这个链条中,部分投机取巧的商人盯上了家长们的教育焦虑,大肆推广所谓的"快速成才"教育理念。他们精心包装一个个"神童"案例,售卖价格不菲的课程,以此获取巨额利润。这些所谓的"造神者",在追求短期利益的过程中,常常对孩子的长远发展需求置若罔闻。面对这些极具诱惑力的宣传,我们务必保持冷静的头脑,提高警惕,学会甄别其中的真伪,以免沦为这条利益链条上的无辜牺牲品。

>>> **关注孩子的心理健康与全面发展**

教育的终极目标,远不止于塑造出一个个高分"学霸",其更深远的意义在于培育一个个身心健康、全面进步的个体。每个孩子都是这个世界上独一无二的存在,他们拥有自己的兴趣爱好、性格特质,以及独特的成长速度与节奏。作为孩子的守护者和引导者,父母应当尊重这些个性差异,重视他们的心理状态和情感体验,而不是单纯地追求那些表面的荣耀和成就。正如著名教育家蒙台梭利所言:"儿童不是等待被填充的容器,而是需要被点燃的火种。"我们应成为孩子成长旅途中的灯塔,用无尽的爱和持久的耐心去点亮他们内心的火花,让他们在自由探索的道路上,逐渐成长为最真实、最优秀的自己。

>>> **静待花开,享受成长的过程**

每个孩子都是世间独一无二的花朵,有的花儿选择在春日暖阳中早早绽放,有的则选择在秋风的吹拂下缓缓盛开,但不论它们何时开放,每一朵花都拥有其独特的魅力和不可替代的价值。

作为孩子们的守护者,我们作为父母应当学会耐心守候,细细品味孩子成长旅途中的每一个精彩瞬间。无论是他们初次尝试迈步时的摇摇晃晃,还是当他们第一次独立克服困难时的灿烂笑容,这些都是我们生命中值得珍藏和反复回味的珍贵记忆。让我们摒弃对"神童"神话的盲目追逐,用平和的心态伴随孩子的一步步成长,坚信他们将在自己的时区里,绽放出最为璀璨的光彩。

总之,"神童"虽好,但切忌强求。让我们拒绝盲目制造"神童",转而采取更加科学和人性化的方式去教育孩子,让他们在爱与自由的环境中茁壮成长。毕竟,每个孩子都是一颗种子,只要给予足够的阳光雨露和耐心的等待,他们终将绽放出属于自己的美丽花朵。

● 顺应自然,孩子说话、走路自有节奏

在当今这个充满竞争与压力的社会环境中,我们往往对孩子的成长寄予极高的期望,尤其是在孩子学习说话和走路这两个关键阶段。每当看到同龄的孩子已经能够流利地表达自己的想法或是稳健地迈出步伐时,一些父母便会不自觉地产生焦虑感,担心自己的孩子是否落后了,是否存在着某种问题。然而,教育专家和心理学家们一再强调,每个孩子都是独一无二的,他们的发展轨迹有着各自的节奏和步调。

>>> **破除误区:智力与说话、走路早晚无直接关联**

首先,我们需要明确的是,孩子说话和走路的早晚并不能直接反映其智力水平。这是一个普遍的误区,很多父母都会陷入其

中。事实上，孩子的语言能力和运动能力的发展是受到多种因素共同影响的，包括生理因素、遗传因素、环境因素等。

生理与遗传的多样性

每个孩子的生理发育速度都是不同的，这决定了他们在学习说话和走路时的表现也会有所差异。例如，下肢肌肉的发育程度会直接影响孩子站立和行走的能力；而脊髓髓鞘的成熟度，作为与遗传因素密切相关的因素，影响着孩子神经系统的发育速度。因此，有些孩子可能天生就具备较强的运动能力，能够较早地学会走路；而有些孩子则需要更多的时间来积累这些能力。

对走路晚的孩子，父母不可操之过急，更不能强行对其进行训练。由于孩子的骨骼尚未发育完全，过早学走路反而会对骨骼发育造成影响，形成"O型腿""X型腿"，甚至影响成年时的身高。

环境因素的复杂性

除了生理因素和遗传因素，环境因素同样是影响孩子说话和走路的重要因素之一。家庭环境、语言环境、季节变化等都会对孩子的成长产生不同程度的微妙影响。比如，一个充满爱与温暖的家庭环境会让孩子更加自信、开朗，进而更愿意尝试表达自己的想法；而一个语言贫乏或过于复杂的家庭环境则可能抑制孩子语言能力的发展。

此外，季节变化也会影响孩子的活动能力和学习意愿。在温暖的季节里，孩子穿着轻便、活动自如，这更容易激发他们学习走路的兴趣；而在寒冷的季节里，厚重的衣物可能会限制孩子的活动范围，进而降低他们学习走路的积极性。

>>> 说话晚的真相：外界因素占主导

与走路相比，孩子说话晚的问题更多地受到外界因素的影响。这些因素涵盖语言环境的质量、家庭氛围的营造、电子设备的干扰等。

语言环境的质量

语言环境是孩子学习说话的关键条件之一。一个丰富、多元、互动的语言环境能够极大地激发孩子的语言兴趣，促进他们语言能力的发展。相反，如果家庭环境中缺乏语言刺激或语言交流过于简单、重复，孩子就难以获得充足的语言输入和输出机会，进而导致说话较晚。

因此，我们应着重营造良好的语言环境，多与孩子进行面对面的交流，用简洁明了的语言讲述生活中的故事和见闻，以此激发孩子的语言兴趣。

家庭氛围的营造

家庭氛围对孩子的成长也有着不可忽视的影响。一个温馨、和谐、充满爱的家庭氛围能够让孩子感受到强烈的安全感和归属感，从而更加自信地表达自己。相反，如果家庭氛围紧张、冷漠或缺乏关爱，孩子就可能会变得内向、孤僻，甚至产生语言障碍。因此，我们应该努力营造一个积极向上的家庭氛围，给予孩子足够的关爱和支持，鼓励他们勇于表达自己的想法和感受。

电子设备的干扰

随着科技的发展，电子设备已经成为我们日常生活中不可或缺的一部分。然而，对于孩子而言，过早接触电子设备可能会对他们的语言发展产生负面影响。因为电子设备往往作为单向信息传递工具，无法与孩子产生真正的互动和交流。长时间沉浸于电子设备中的孩子，可能会丧失与人交流的兴趣和动力，从而使得其语言交流能力无法得到应有的发展。因此，我们应该控制孩子使用电子设备的时间，多进行面对面的亲子互动和游戏活动。

>>> 科学引导：尊重孩子的成长节奏

面对孩子说话迟、走路晚的问题，我们应该保持理性、平和的心态，尊重孩子的成长节奏和个体差异。以下是一些科学引导的建议：

及时就医，排除病理因素

虽然大多数情况下孩子说话迟、走路晚是正常的生理现象，但也不能排除病理因素的可能性。因此，当孩子出现（如听力障碍、发音器官异常等）明显的发育迟缓症状时，我们应及时带孩子前往医院就诊，排除疾病影响的可能。

营造积极的家庭环境

家庭环境是孩子成长的重要场所。我们应该努力营造一个温馨、和谐、充满爱的家庭氛围，让孩子感受到安全感和归属感。同时，我们还应该注重语言环境的营造和亲子互动的质量，多与孩子进行面对面的交流和游戏活动，以激发孩子的语言兴趣和运动能力。

对走路的问题，当孩子的四肢具备支撑身体的能力后，父母不必时刻将孩子抱在怀中，尽可能让孩子在床上坐、爬，感受与平面接触的感觉。

引导与鼓励相结合

在孩子的成长过程中，我们的引导与鼓励是不可或缺的。对说话晚的孩子，我们可以通过阅读绘本、讲故事等方式丰富孩子的语言输入；同时，在日常生活中多给孩子提供表达的机会和场景，鼓励他们大胆说出自己的想法和感受。比如，当孩子口渴想要喝水时，如果他用手指着杯子，妈妈可以引导说："宝宝，告诉妈妈你想要什么？"让孩子表达出自己的意愿，逐渐从简单到复杂，慢慢地，孩子就能够表达出自己的想法了。

我们还可以鼓励孩子与年龄较大的孩子一起玩耍。模仿是人类的天性，孩子在与其他孩子玩耍的过程中，学习语言的积极性就能够得到有效的激发。孩子之间的这种互动对促进语言表达能力具有不可低估的作用。

对走路晚的孩子，我们可以在确保安全的前提下，多让孩子尝试站立、行走等动作；同时给予他们足够的鼓励和支持，让他们感受到成功的喜悦和挑战的乐趣。

无论是走路还是说话，父母都应顺其自然，尊重孩子的正常成长轨迹。切勿因自身焦虑情绪而选择揠苗助长，以免对孩子的身心造成不利影响。

● 理性看待生病，孩子成长的必经之路

在家庭的温馨港湾里，孩子的每一次轻咳、每一声啼哭，都牵动着父母敏感的心弦。特别是当孩子生病时，那份焦虑与自责，仿佛乌云蔽日，让父母的世界瞬间失去了色彩。但请允许我轻轻拨开这层阴霾，与您一同探索一个更加明亮、理性的视角：孩子生病，实则是他们成长的必经之路，而非父母失职的标签。

"孩子生病是成长的一部分,无须自责和内疚。"这句话,不仅为众多父母提供了心灵的慰藉,也体现了教育的深刻智慧。正如著名教育家苏霍姆林斯基所言:"教育不仅仅是传授知识,更是引导孩子学会面对生活的各种挑战。"生病,便是这众多挑战中不可或缺的一环。

对于绝大多数孩子而言,感冒、发热、咳嗽等"疾病"是他们成长过程中必须经历的,此时的"生病"不同于父母认知上的生病,而是一种成长的信号。众所周知,孩子在出生之后,需要食用一段时间的母乳,母乳中的抗体能够有效抵御细菌和病毒的侵害。大概在6个月之后,孩子的身体已经初具抵抗力,加之断奶的举措也使得孩子失去了从外界摄取抗体的主要渠道,失去母乳抗体的保护,孩子在接触细菌和病毒时就会出现较为剧烈的反应,比如,发热等。

很多父母将这种情况视为孩子免疫力低下,但事实并非如此。孩子经过发育,体内的免疫器官和免疫系统已经趋于成熟,但尚未真正与细菌、病毒等物质进行直接的接触,免疫系统还不能准确识别这些"入侵者",并形成有效的抗体。每一次与病原体的对抗就会外化成发热、感冒等症状,但实际上这是免疫系统不断成熟的表现。

想象一下,孩子的身体如同一座新建的城市,免疫系统则是这座城市中的警察与军队。在城市的初建阶段,警察与军队需要经历无数次的实战演练,才能熟练应对各种突发状况。同样地,孩子的免疫系统也需要通过与病原体的"交锋",才能逐渐成熟,学会精准识别并有效清除"入侵者"。

当我们看到孩子因感冒而咳嗽、因发热而脸颊绯红时，不妨将其视为免疫系统正在进行的"实战演练"。这些看似令人担忧的症状，实则是孩子身体内部正在进行的自我修复与升级。正如爱迪生发明电灯前经历了上千次的失败，孩子的每一次生病，也是他们成长道路上不可或缺的"试错"过程。

孩子的免疫系统在成长过程中需要经历一系列的挑战和学习。每一次生病，都是免疫系统对外来病原体的识别和应对能力的一次锻炼。虽然这可能会伴随着不适，但这是孩子免疫系统逐渐成熟的必要过程。父母应该理解这一过程，并为孩子提供必要的支持和鼓励。

孩子的体温调节系统也在不断发展。外界因素，如环境温度、运动、饮食等，都可能影响孩子的体温。父母需要学会辨别这些因素，避免因孩子的体温波动而过度担忧。如果孩子的体温波动是由于正常的生理活动或环境因素引起的，那么父母就不必过度担忧。相反，如果孩子的体温持续异常，父母应该及时带孩子就医，寻求专业的帮助。

因此，父母在面对孩子的体温波动时，更应学会理性分析和判断。首先，我们要了解体温波动是否在正常范围内，是否是孩子生长发育过程中的自然现象。其次，我们要与医生进行充分沟通，了解孩子的病情和治疗方案，而不是盲目地追求快速见效。最后，我们要给予孩子足够的关爱和支持，帮助他们建立信心，以积极的心态面对疾病和康复。通过这些方式，父母可以更有效地帮助孩子度过生病期，促进他们的身心健康成长。

父母的过度担忧和焦虑，可能对孩子的康复过程造成不利影响。父母在孩子体温出现波动时，可能会出于急切的心态，频繁地更换医生和药物，希望快速缓解孩子的不适。然而，这种做法往往忽视了孩子身体恢复的自然规律和药物作用的周期性。频繁更换治疗方案，不仅可能造成孩子身体对药物的适应性下降，还可能因为药物的副作用累积，增加孩子的身体负担。此外，频繁的医疗干预，也可能让孩子感受到更多的压力和不安，影响其心理状态和恢复进程。

抗生素的使用是父母需要注意的另一个问题。虽然抗生素可以迅速缓解症状，但过度使用可能会破坏孩子体内的有益菌群，影响免疫力的形成。父母应该学会理性看待医生的建议，避免不必要的抗生素使用。

适度的户外活动对孩子的免疫系统发育至关重要。通过接触外界环境，孩子的免疫系统可以学习识别和应对各种病原体。父母应该鼓励孩子参与户外活动，而不是过度保护他们。

面对孩子生病，父母的心态调整非常重要。学习基本的健康和疾病常识，可以帮助父母更准确地判断孩子的病情，避免不必要的焦虑。同时，接受生病是生活的一部分，可以帮助父母保持平和的心态，为孩子营造一个积极的康复环境。

孩子生病，是他们成长过程中不可避免的一部分。作为父母，我们应该理性看待这一现象，通过正确的方式支持孩子的康复，同时也要给予孩子足够的时间和空间，让他们的免疫系统得到锻炼和成长。记住，每一次生病，都是孩子成长的机会，而我们的理解和支持，是他们最宝贵的财富。正如教育家苏霍姆林斯基所说："教育的真正意义在于培养孩子的独立思考和解决问题的能力。"在孩子生病时，我们不仅是在照顾他们的身体，更是帮助他们培养面对困难的勇气和智慧。

● 身高不是一切，关注孩子的整体发展

在这个快节奏、高压力的社会里，我们往往对孩子的未来寄予厚望。其中，身高这一看似外在的生理特征，却不经意间成为不少家庭关注的焦点。社交媒体上，对"长腿欧巴""模特身高"的追捧，让不少父母开始担忧起孩子的身高问题，仿佛身高就等同于未来的竞争力与幸福感。然而，当我们静下心来，深入思考孩子的成长之路时，会发现"身高不是一切"，真正决定孩子未来高度的，是其整体发展的广度与深度。

>>> 身高焦虑：社会现象的折射

身高焦虑，这个现代社会中普遍存在的现象，并非孤立的个体问题，而是社会文化和价值观的反映。在传统文化中，"高大威猛"的形象常常与力量和威严联系在一起，这种审美观念在现代社会中依然有着深远的影响。它不仅影响着人们对自身形象的认同，也影响着对他人的评价和期待。

现代社会对个人外在形象的重视程度日益增加，这在一定程度上加剧了人们对身高的焦虑。在职场、教育乃至婚恋等多个领域，外在形象往往成为评价一个人的重要标准之一。家长们的担忧并非没有道理，他们担心孩子因为身高不足而在未来的生活中遭遇不公平的对待，这种担忧在一定程度上反映了社会对身高的过度关注。

然而，这种担忧往往忽略了孩子成长过程中更为重要的因

素。一个人的内在品质、智力发展、情感表达等，都是影响其未来成功的关键因素。这些因素远比身高更能决定一个人的社会地位和生活质量。因此，我们需要正视身高焦虑这一现象，认识到它背后所反映的社会问题，并努力引导社会价值观的转变，减少对身高等外在特征的过度关注，更加重视个体的内在发展。

另外，要判断孩子的身高是否正常，可以通过对比身高百分位表和监测生长速度来进行科学评估。如果孩子的身高在正常范围内，父母就没有必要过度担忧。只有在孩子的生长速度明显低于平均水平时，才需要考虑寻求专业帮助。

>>> 监测生长速度

儿童生长发育在不断进行，但这个过程并非匀速。孩子在每一个年龄段都存在相应的身高增长区间，比如，孩子在出生时平均身高为50厘米，第一年平均增长20~25厘米，1~3岁平均每年增长8~10厘米，3岁后增长速度放缓，每年增长5~7厘米。青春期会再次出现增长高峰，平均值为20~30厘米，青春期后身高增长不断衰减直至消失。

一般来说，当孩子身高与平均标准出现较大差异时，父母才需要进一步寻找原因，否则只是徒增自己和孩子的烦恼。比如：3~16岁青少年儿童，如果年生长速度小于5厘米，可到医院排查是否存在矮小症的可能。

研究发现，遗传因素在影响身高发育的主要因素中占比70%，尤其是孩子在青春期的快速发育时期，身高增长幅度通常与遗传因素密切相关。除了遗传因素，现代医学表明，后天的环

男孩对比图

年龄	3rd 身高(cm)	3rd 体重(kg)	10th 身高(cm)	10th 体重(kg)	25th 身高(cm)	25th 体重(kg)
出生	47.1	2.62	48.1	2.83	49.2	3.06
2月	54.6	4.53	55.9	4.88	57.2	5.25
4月	60.3	5.99	61.7	6.43	63.0	6.90
6月	64.0	6.80	65.4	7.28	66.8	7.80
9月	67.9	7.56	69.4	8.09	70.9	8.66
12月	71.5	8.16	73.1	8.72	74.7	9.33
15月	74.4	8.68	76.1	9.27	77.8	9.91
18月	76.9	9.19	78.7	9.81	80.6	10.48
21月	79.5	9.71	81.4	10.37	83.4	11.08
2岁	82.1	10.22	84.1	10.90	86.2	11.65
2.5月	86.4	11.11	88.6	11.85	90.8	12.66
3岁	89.7	11.94	91.9	12.74	94.2	13.61
3.5岁	93.4	12.73	95.7	13.58	98.0	14.51
4岁	96.7	13.52	99.1	14.43	101.4	15.43
4.5岁	100.0	14.37	102.4	15.35	104.9	16.43
5岁	103.3	15.26	105.8	16.33	108.4	17.52
5.5岁	106.4	16.09	109.0	17.26	111.7	18.56
6岁	109.1	16.80	111.8	18.06	114.6	19.49
6.5岁	111.7	17.53	114.5	18.92	117.4	20.49
7岁	114.6	18.48	117.6	20.04	120.6	21.81
7.5岁	117.4	19.43	120.5	21.17	123.6	23.16
8岁	119.9	20.32	123.1	22.24	126.3	24.46
8.5岁	122.3	21.18	125.6	23.28	129.0	25.73
9岁	124.6	22.04	128.0	24.31	131.4	26.98
9.5岁	126.7	22.95	130.3	25.42	133.9	28.31
10岁	128.7	23.89	132.3	26.55	136.0	29.66

（数据图来源于首都儿科研究所）

男孩对比图

年龄	50th 身高（cm）	50th 体重（kg）	75th 身高（cm）	75th 体重（kg）	90th 身高（cm）	90th 体重（kg）	97th 身高（cm）	97th 体重（kg）
出生	50.4	3.32	51.6	3.59	52.7	3.85	53.8	4.12
2月	58.7	5.68	60.3	6.15	61.7	6.59	63.0	7.05
4月	64.6	7.45	66.2	8.04	67.6	8.61	69.0	9.20
6月	68.4	8.41	70.0	9.07	71.5	9.70	73.0	10.37
9月	72.6	9.33	74.4	10.06	75.9	10.75	77.5	11.49
12月	76.5	10.05	78.4	10.83	80.1	11.58	81.8	12.37
15月	79.8	10.68	81.8	11.51	83.6	12.30	85.4	13.15
18月	82.7	11.29	84.8	12.16	86.7	13.01	88.7	13.90
21月	85.6	11.93	87.9	12.86	90.0	13.75	92.0	14.70
2岁	88.5	12.54	90.9	13.51	93.1	14.46	95.3	15.46
2.5月	93.3	13.64	95.9	14.70	98.2	15.73	100.5	16.83
3岁	96.8	14.65	99.4	15.80	101.8	16.92	104.1	18.12
3.5岁	100.6	15.63	103.2	16.86	105.7	18.08	108.1	19.38
4岁	104.1	16.64	106.9	17.98	109.3	19.29	111.8	20.71
4.5岁	107.7	17.75	110.5	19.22	113.1	20.67	115.7	22.24
5岁	111.3	18.98	114.2	20.61	116.9	22.23	119.6	24.00
5.5岁	114.7	20.18	117.7	21.98	120.5	23.81	123.3	25.81
6岁	117.7	21.26	120.9	23.26	123.7	25.29	126.6	27.55
6.5岁	120.7	22.45	123.9	24.70	126.9	27.00	129.9	29.57
7岁	124.0	24.06	127.4	26.66	130.5	29.35	133.7	32.41
7.5岁	127.1	25.72	130.7	28.70	133.9	31.84	137.2	35.45
8岁	130.0	27.33	133.7	30.71	137.1	34.31	140.4	38.49
8.5岁	132.7	28.91	136.6	32.69	140.1	36.74	143.6	41.49
9岁	135.4	30.46	139.3	34.61	142.9	39.08	146.5	44.35
9.5岁	137.9	32.09	142.0	36.61	145.7	41.49	149.4	47.24
10岁	140.2	33.74	144.4	38.61	148.2	43.85	152.0	50.01

（数据图来源于首都儿科研究所）

女孩对比图

年龄	3rd 身高(cm)	3rd 体重(kg)	10th 身高(cm)	10th 体重(kg)	25th 身高(cm)	25th 体重(kg)
出生	46.6	2.57	47.5	2.76	48.6	2.96
2月	53.4	4.21	54.7	4.50	56.0	4.82
4月	59.1	5.55	60.3	5.93	61.7	6.34
6月	62.5	6.34	63.9	6.76	65.2	7.21
9月	66.4	7.11	67.8	7.58	69.3	8.08
12月	70.0	7.70	71.6	8.20	73.2	8.74
15月	73.2	8.22	74.9	8.75	76.6	9.33
18月	76.0	8.73	77.7	9.29	79.5	9.91
21月	78.5	9.26	80.4	9.86	82.3	10.51
2岁	80.9	9.76	82.9	10.39	84.9	11.08
2.5月	85.2	10.65	87.4	11.35	89.6	12.12
3岁	88.6	11.50	90.8	12.27	93.1	13.11
3.5岁	92.4	12.32	94.6	13.14	96.8	14.05
4岁	95.8	13.10	98.1	13.99	100.4	14.97
4.5岁	99.2	13.89	101.5	14.85	104.0	15.92
5岁	102.3	14.64	104.8	15.68	107.3	16.84
5.5岁	105.4	15.39	108.0	16.52	110.6	17.78
6岁	108.1	16.10	110.8	17.32	113.5	18.68
6.5岁	110.6	16.80	113.4	18.12	116.2	19.60
7岁	113.3	17.58	116.2	19.01	119.2	20.62
7.5岁	116.0	18.39	119.0	19.95	122.1	21.71
8岁	118.5	19.20	121.6	20.89	124.9	22.81
8.5岁	121.0	20.05	124.2	21.88	127.6	23.99
9岁	123.3	20.93	126.7	22.93	130.2	25.23
9.5岁	125.7	21.89	129.3	24.08	132.9	26.61
10岁	128.3	22.98	132.1	25.36	135.9	28.15

(数据图来源于首都儿科研究所)

女孩对比图

年龄	50th 身高(cm)	50th 体重(kg)	75th 身高(cm)	75th 体重(kg)	90th 身高(cm)	90th 体重(kg)	97th 身高(cm)	97th 体重(kg)
出生	49.7	3.21	50.9	3.49	51.9	3.75	53.0	4.04
2月	57.4	5.21	58.9	5.64	60.2	6.06	61.6	6.51
4月	63.1	6.83	64.6	7.37	66.0	7.90	67.4	8.47
6月	66.8	7.77	68.4	8.37	69.8	8.96	71.2	9.59
9月	71.0	8.69	72.8	9.36	74.3	10.01	75.9	10.71
12月	75.0	9.40	76.8	10.12	78.5	10.82	80.2	11.57
15月	78.5	10.02	80.4	10.79	82.2	11.53	84.0	12.33
18月	81.5	10.65	83.6	11.46	85.5	12.25	87.4	13.11
21月	84.4	11.30	86.6	12.17	88.6	13.01	90.7	13.93
2岁	87.2	11.92	89.6	12.84	91.7	13.74	93.9	14.71
2.5月	92.1	13.05	94.6	14.07	97.0	15.08	99.3	16.16
3岁	95.6	14.13	98.2	15.25	100.5	16.36	102.9	17.55
3.5岁	99.4	15.16	102.0	16.38	104.4	17.59	106.8	18.89
4岁	103.1	16.17	105.7	17.50	108.2	18.81	110.6	20.24
4.5岁	106.7	17.22	109.5	18.66	112.1	20.10	114.7	21.67
5岁	110.2	18.26	113.1	19.83	115.7	21.41	118.4	23.14
5.5岁	113.5	19.33	116.5	21.06	119.3	22.81	122.0	24.72
6岁	116.6	20.37	119.7	22.27	122.5	24.19	125.4	26.30
6.5岁	119.4	21.44	122.7	23.51	125.6	25.62	128.6	27.96
7岁	122.5	22.64	125.9	24.94	129.0	27.28	132.1	29.89
7.5岁	125.6	23.93	129.1	26.48	132.3	29.08	135.5	32.01
8岁	128.5	25.25	132.1	28.05	135.4	30.95	138.7	34.23
8.5岁	131.3	26.67	135.1	29.77	138.5	33.00	141.9	36.69
9岁	134.1	28.19	138.0	31.63	141.6	35.26	145.1	39.41
9.5岁	137.0	29.87	141.1	33.72	144.8	37.79	148.5	42.51
10岁	140.1	31.76	144.4	36.05	148.2	40.63	152.0	45.97

（数据图来源于首都儿科研究所）

境影响也能够对孩子的身高带来提升,尤其是在婴幼儿时期和青春期两大黄金发育时期。担心孩子个头的父母,该如何抓住关键期,让孩子的身高接近正常范围的上限?以下措施有助于优化身高发育。

确保孩子睡眠质量,促进生长激素分泌

良好的睡眠质量是孩子健康成长的关键。生长激素在夜间分泌最为旺盛,因此,确保孩子在晚上 10 点前入睡,有助于促进他们的生长激素正常分泌。这不仅有助于身高的增长,也有助于孩子的认知发展和情绪稳定。

提供均衡的营养,支持骨骼和肌肉发育

孩子的饮食应该富含钙和蛋白质,这些营养素对骨骼和肌肉的发育至关重要。父母应该鼓励孩子摄取多样化的食物,避免挑食和偏食。同时,要注意孩子的饮食中是否有足够的维生素 D 摄入,以帮助钙的吸收。

适当体育锻炼,增强身体素质

适当的体育锻炼不仅有助于骨骼的生长,还能提高孩子的身体素质和自信心。父母可以鼓励孩子参与篮球、跳绳等有助于身高增长的运动。此外,运动还能培养孩子的团队精神和竞争意识。

另外,虽然生长激素可以在某些情况下促进孩子身高增长,但父母应该谨慎考虑其使用,避免不必要的医疗干预。孩子的健康和幸福远比身高数字更为重要,生长激素的使用应该在医生的建议和监督下进行。

>>> 关注整体发展:父母的责任与智慧

面对孩子的成长,父母应当如何调整心态,关注孩子的整体发展呢?

树立正确的价值观

我们首先要认识到,每个孩子都是独一无二的,他们有着各自的优点和潜力。不应将身高作为衡量孩子价值的唯一标准,而应鼓励孩子探索自己的兴趣,发展自己的特长。

培养健康的生活习惯

良好的生活习惯是孩子健康成长的基础。我们应引导孩子做到均衡饮食、适量运动、充足睡眠,这些都有助于孩子的身体发育和整体健康。

注重情感教育

情感是孩子成长过程中的重要支撑。我们应给予孩子足够的关爱和支持,培养他们的自信心和同理心,让他们学会关爱他人,建立良好的人际关系。

鼓励探索与创新

好奇心和创造力是孩子最宝贵的财富。我们应鼓励孩子勇于尝试新事物,不怕失败,培养他们的创新思维和解决问题的能力。

培养社会责任感

作为社会的一员,孩子应从小培养起社会责任感。我们可以通过参与公益活动、志愿服务等方式,让孩子了解社会、关爱他人,培养他们的公民意识和社会责任感。

在这个多元化、包容性日益增强的时代,我们更应摒弃对身高的偏见和焦虑,关注孩子的整体发展。正如那句老话所说:"人不可貌相,海水不可斗量。"每个孩子都有其独特的价值和潜力,只要我们用心去发现、去培养,他们定能在属于自己的天空中翱翔，绽放出最耀眼的光芒。

● 磕碰中成长，让孩子自由体验

在成长的征途中，每一个稚嫩的生命都必然经历从蹒跚学步到稳健行走，再到自由奔跑的华丽蜕变。这段旅程中，"跌跌撞撞摔跟头"仿佛是孩子们成长路上不可或缺的伙伴，它以或轻或重的方式，悄然地在孩子们的身上留下印记。孩子们在探索未知世界的过程中，时而因视线未及而冷不防撞上家中温馨的沙发，那份突如其来的碰撞，让小小的身躯微微一颤；时而又在尽情奔跑的欢声笑语中，因速度过快或步伐不稳，自己绊倒了自己，瞬间跌坐在地，膝盖或许因此留下浅浅的擦伤，胳膊也可能泛起红肿甚至破皮。

面对这一幕幕既让人心疼又让人欣慰的场景，无数父母的心被紧紧牵动。每当孩子们踏出家门，迈向更广阔的天地时，家长们的目光便如影随形，那份担忧与爱护化作了声声叮咛："宝贝，跑慢点，注意脚下，别摔倒了。""看看地面，小心滑哦。"这些话语，虽简单却饱含深情，是父母对孩子无微不至关怀的体现。

而对那些刚刚解锁行走技能的宝贝们，家长们更是化身为最坚实的守护者，他们的身影几乎与孩子的步伐同步，既害怕过多的干预会束缚孩子探索的天性，又时刻担心任何微小的疏忽可能带来伤害。因此，他们选择了一种近乎"寸步不离"的陪伴方式，用无尽的耐心和温柔的目光，为孩子的每一步成长保驾护航，确保他们在这段充满挑战与乐趣的旅程中，能够安全、勇敢地前行。

内心深处的紧张与焦虑情绪,往往驱使父母将孩子的一次小小摔倒视为足以撼动心灵的重大事件。每当这样的意外发生,他们几乎条件反射般地飞奔到孩子身边,眼神中满是不安与关切,仔细而焦急地检查着孩子每一寸肌肤,生怕遗漏任何细微的伤痕。这份过度的紧张,往往伴随着深深的自责与愧疚,他们不由自主地轻声细语,既是在安抚孩子受惊的心灵,也是在自我慰藉:"都是爸爸/妈妈的疏忽,没有把你保护周全,以后爸爸/妈妈会更加小心,绝不让这样的事情再次发生。"

在这种情绪的影响下,有些父母可能会走向另一个极端,他们开始限制孩子的活动,对那些可能带来小风险的运动,如轮滑、足球等,采取过度谨慎的态度。他们试图为孩子创造一个绝对安全的成长空间,却可能没有意识到,这些活动对孩子的身体协调能力、勇气和团队精神的培养是多么重要。他们可能没有意识到,适度的挑战和冒险,是孩子成长路上不可或缺的元素,它们就像磨石,能够磨炼孩子们坚强的意志,培养他们勇敢的精神。

>>> 放手与信任:让孩子在挑战中成长

那些总是竭力扮演庇护者角色的父母,恰恰是对孩子能力的不信任。这种"不信任"带来的过度保护,比如不让孩子乱爬、乱摸,会让处于探索期的孩子失去动脑和动手的机会,进而影响智力的发育。

无论父母多么小心谨慎,孩子都难免会有磕碰,因为好动是他们的天性。孩子日常摔倒和磕碰并不是什么大问题,处于生长发育期的孩子肢体相对柔软，具备一种天生的自我保护机制，小小的伤痛，并不会给孩子造成多大的负面影响。

此外，最为关键的是，在跑跑跳跳的过程中，只要父母不过分紧张，孩子根本就不怕跌倒，或者说根本不把跌倒当回事。

在孩子们漫长而精彩的成长旅途中，难免会遭遇各种微小挫折与不经意的碰撞，这些看似不起眼的经历，实则是镶嵌在他们生命轨迹中的宝贵财富。它们如同隐形的导师，潜移默化地教导孩子们识别潜藏的风险与伤害，促使他们在每一次跌倒后都能更加稳健地站起，巧妙地规避未来的陷阱，从而在不知不觉间茁壮成长。

举例来说，父母可能会反复提醒孩子远离热水壶，但那些口头上的千叮咛万嘱咐，往往难以在孩子的记忆中留下深刻印记，直至某一天，一次偶然的轻微烫伤，让孩子亲身体验到了疼痛的滋味，这份直接而强烈的感受，远比任何言语都更具震撼力。有时，过度的限制与禁止，非但不能完全消除危险，反而可能激发起孩子对未知世界更强烈的好奇心和探索欲，驱使他们去寻找那些被禁锢的"秘密"。

正如知名作家韩寒在其作品中深刻阐述的那样，他对女儿小野在院子里自由探索，甚至偶尔尝试不明物体（如土块）的行为持开放态度，因为他深知，一次小小的尝试，哪怕结果不尽如人意，也能成为孩子生命中不可或缺的宝贵一课，教会孩子自我判断与保护。

因此，作为父母，我们应摒弃对孩子能力的过度质疑，勇敢地放手，给予他们足够的空间去尝试、犯错、成长。孩子们天生具备敏锐的直觉和超乎想象的适应能力,他们在面对危险时的反应,往往展现出令人惊讶的成熟与智慧。我们需要做的,就是提前告知孩子一些必要的安全事项和注意事项,然后放手让孩子去做。一旦孩子的能力得以展示,父母内心的担忧就会烟消云散。

反之,过度的担忧与紧张,不仅会成为孩子心灵的枷锁,阻碍他们在广阔的天空自由翱翔,还可能在不经意间扭曲我们的教育方式,使关爱变成束缚,引导变成误导,最终影响孩子的健康成长与全面发展。

>>> 孩子的模仿与心理归因

首先,孩子们天生就具备模仿大人行为的能力,这被称为"社会性参照"。大约在孩子8个月大时,他们就开始学会观察并模仿周围人的情绪和行为。当他们遇到一些自己无法解决的问题时,他们往往会依据周围人的反应来决定自己的行为。

例如,如果孩子摔倒了,父母可能会表现出紧张和焦虑的情绪,然而孩子可能并不理解父母为什么会有这样的反应。他们会根据以往的经验来做出反应。比如,若他们之前受伤或生病时,父母也有类似的反应,而他们当时正在哭泣,那么现在他们可能也会选择哭泣。

其次,孩子们还会基于"心理归因"做出反应。这意味着他们会尝试理解父母的意图,并用自己的行为来达到自己的目的。例如,如果他们一哭就能得到父母的拥抱、安慰或零食,他们就会学会利用这一点。在长期的实践中,他们可能会发现"摔倒——大哭——得到安慰或零食"是一个有效的模式。因此,即使他们摔倒时并没有感到疼痛,他们也可能选择大哭,因为他们期望通过这种方式得到父母的关注和奖励。

总的来说，孩子们的行为往往是对父母行为的模仿和反应，这是他们学习和适应环境的一种方式。父母的行为和反应对孩子的行为有着深远的影响，因此，作为父母，我们需要意识到自己的行为和情绪是如何影响孩子的，并尽可能地提供积极和建设性的反馈。

父母之所以出现焦虑的情况，大多是因为不知道如何应对孩子的磕碰问题。那么，我们可以参照以下处理方法。

坠床

孩子在沙发或没有围栏的床上熟睡时，容易因翻身导致坠床。一般来说，小孩子坠床造成大脑损伤的概率很小。父母应该仔细观察10秒钟，检查孩子是否有出血或肢体活动障碍。之后，在48小时内观察孩子的生理和精神状态，如果没有出现呕吐、抽搐、表情痛苦、呆滞等情况，那就没有大碍。

磕碰

当孩子发生磕碰之后，父母需要观察孩子是否存在出血、瘀青的症状。如果只是轻微的皮肤出血，可以用碘酒擦拭。如果大量出血，应使用无菌纱布按住伤口，减缓出血，并及时送往医院。如果只是瘀青和肿包，父母可以用冰袋或者冷毛巾敷一会儿，但要留意孩子的神态，一旦发现异常，需要及时就医。孩子成长路上的磕磕碰碰会让他学到如何保护自己，如何认识这个五彩的世界。父母不必过于担忧和过度保护，因为有时候父母的"庇护伞"不仅阻挡了外界的风雨，也遮住了阳光。

● 饮食与营养，适度放手，相信孩子的本能

在育儿的漫漫长路上，饮食问题无疑是父母心中的一块巨石，尤其当孩子对餐桌上的食物表现出不感兴趣或食量不如预期时，那份焦虑与担忧便如影随形。我们常常听到这样的对话："宝贝，再吃一口，不然长不高哦！"或是"饭不吃完，今天就不许看动画片。"这些话语背后，是父母深沉的爱与无尽的担忧，然而，这份爱若过度，便可能成为束缚孩子成长的枷锁。

教育名家蒙台梭利曾说："儿童有一种与生俱来的'吸收性心智'，他们通过与环境的互动来学习和成长。"在饮食这一领域，我们同样应该给予孩子足够的信任与自由，相信他们本能的食欲调节机制。正如苏霍姆林斯基所言："教育技巧的全部奥秘也就在于如何爱护儿童。"爱护，不仅仅是提供充足的食物，更在于理解并尊重孩子的身体需求与感受。

>>> 放手，让孩子的食欲自然流露

想象一下，如果我们成年人偶尔因为心情不佳或身体微恙而食欲不振，家人是否会因此焦虑不安，强迫我们进食呢？显然，这样的场景在成人世界并不常见，因为我们都有能力根据自己的身体状况调整饮食。那么，为何对待孩子时，我们就失去了这份耐心与理解呢？

孩子的饭量，就如同他们的性格一样，各具特点。有的孩子天生食量小却精力充沛，有的则饭量大但成长速度平稳。这背后，是每个孩子独特的体质与活动量在起作用。我们应当尊重这种自然差异，不必强求每个孩子都达到统一的"饭量标准"。

>>> 营养均衡,而非量的堆砌

真正影响孩子营养状况的,并非餐桌上食物的总量,而是膳食结构的合理性与食物的营养密度。我们可能精心准备了丰盛的三餐,可要是只是白粥配青菜,即便孩子食量再大,也难以满足身体发育的全面需求。反之,如果膳食中包含了丰富的蛋白质、维生素、矿物质等必需营养素,即便孩子食量不大,也能够确保营养均衡。

因此,父母在规划孩子的饮食时,更应该注重食物种类的多样性与营养的全面性,而不是单纯追求量的满足。正如营养学家所强调的:"均衡膳食,不在于你吃了多少,而在于你吃了什么。"

儿童营养师指出,一个均衡的膳食结构由五大类基本食物构成:第一类,谷薯类,包括谷物、薯类及杂豆类食物;第二类,蔬果类,包括日常的蔬菜和水果;第三类,禽、畜、鱼、蛋、奶类;第四类,大豆、坚果类;第五类,纯能量食物类,如植物油等。如果孩子每天的饮食涵盖了这五大类,就说明膳食的营养结构比较均衡了。

食物的多样性,简单来讲就是避免食物单一,选择同类食物的不同品种。只有日常膳食食物多种多样,才能达到平衡膳食的良好效果。

食物类别	平均每天种类数	每周至少品种数
谷物、薯类、杂豆类	3	5
蔬菜、水果类	4	10
禽、畜、鱼、蛋、奶类	3	5
大豆、坚果类	2	5
合计	12	25

父母可以对比一下，每天的谷薯类品种有没有超过3种？蔬菜、水果品种每天有没有达到4种，一周有没有超过10种？虽然仅看图表数据，会让人觉得完成这样的食物多样化并不轻松，但当我们将这种膳食标准放在心上，准备食材时不那么单一，就会发现，做到饮食多样化其实没有想象中的那么困难。

>>> 培养孩子健康的饮食习惯，信任其本能

放手让孩子自主决定吃多少，并不意味着放任自流。父母应当做的是，通过科学引导，帮助孩子建立健康的饮食习惯。比如，设定固定的用餐时间，营造愉快的用餐氛围，鼓励孩子尝试新食物，同时以身作则，展示良好的餐桌礼仪与饮食习惯。

当孩子偶尔出现食欲不振或食量减少时，父母不妨先观察孩子的精神状态与活动情况，而非立即陷入焦虑之中。很多时候，孩子的身体比我们想象的要聪明得多，他们知道何时需要补充能量，何时需要休息。正如著名儿科医生斯波克博士所言："儿童的身体有一种惊人的自我调节能力。"

总之，饮食与营养，是一门需要智慧与耐心的学问。在养育孩子的过程中，我们应当适度放手，相信孩子的本能与智慧。只有这样，我们才能培养出健康、快乐、自信的孩子，让他们在人生的道路上越走越远。

第三章

育儿环境之思
——明智选择，避免盲目跟随

● **兴趣班之选，合适胜于跟风**

在都市的一角，一幢高楼的第13层，一个小小的身影颤抖地站在窗台上，声音中带着绝望的哭腔，对着窗内的母亲尖叫："你这样做到底是想怎么样？是要把我逼疯吗？"

"孩子，我这么做都是为了你好……"母亲的声音里满是哀求和无奈。

"不要说了！你如果再继续说下去，我就从这里跳下去！"孩子的声音已经近乎崩溃。

……

这一切的起因，仅仅是孩子的母亲过于焦虑。为了让孩子不输在起跑线上，她给孩子报了无数的课外兴趣班。孩子的生活被学习和各种培训班填满，没有一丝空隙。日复一日，压力和疲惫不断累积，最终在这个令人心碎的时刻爆发——孩子站在生死边缘，以最极端的方式表达着自己的不满和痛苦。

类似这样的父母并不少见。在这个教育竞速的时代，我们仿佛步入了一个全民"内卷焦虑"的漩涡，尤其是在为孩子挑选兴趣班的过程中。不少父母目睹了朋友圈里"别人家的孩子"如同开挂般，钢琴十级信手拈来，舞蹈大赛摘金夺银，书法更是行云流水……反观自家宝贝，似乎还在兴趣探索的起点徘徊，这让不少父母的心头不禁泛起层层焦虑的涟漪。焦灼中，心一狠，各种兴趣班都被提上日程，反正技多不压身。

诚然，大多数父母并未奢望将孩子打造成下一个郎朗、姚明或丁俊晖，但面对孩子的"平凡"，内心的不安却促使他们盲目跟风，为孩子堆砌起一座座兴趣班的"小山"。殊不知，这种"技多不压身"的执念，往往会忽略每个孩子独特的兴趣与潜能，正如爱因斯坦所说："兴趣是最好的老师。"

以莉莉的父母为例，他们见同事家的孩子跆拳道技艺超群，便认为女儿也该强健体魄，未经深思熟虑便报了班。然而，莉莉对此并无热情，几节课后便抗拒不已。这一幕，正是当下许多家庭的真实写照——我们害怕孩子落后于人，却忘了倾听他们内心的声音，忽视了兴趣班应是孩子兴趣与潜能的孵化器，而非父母焦虑的宣泄口。

在如此焦虑的浪潮中，我们需谨记：盲目跟风不可取，放任自流亦非良策。关键在于，我们要成为孩子成长路上的引路人，而非推手。那么，作为父母，我们应该如何理智地给孩子选择合适的兴趣班呢？

>>> **孩子是否有天赋**

在挑选兴趣班的过程中，识别孩子是否具有某方面的天赋至关重要。天赋并非显而易见，它潜藏在孩子的行为和反应中，需要父母细心观察和发现。例如，如果孩子在听到音乐时能自然地打拍子，或者在观看体育比赛时能迅速模仿动作，这可能是他们在音乐或运动方面的天赋初露端倪。

天赋的发现是一个渐进的过程，父母可以通过一系列的活动和小游戏来测试孩子在不同领域的反应和能力。比如，如果孩子在绘画时展现出对色彩和形状的敏感，或者在搭积木时表现出空间感和创造力，这些都是他们潜在能力的体现。

父母的任务是捕捉这些信号，并据此为孩子选择能够进一步发展其天赋的兴趣班。例如，如果孩子在身体协调性上表现出色，舞蹈或体操可能是合适的选择；如果孩子对音乐有特别的感知，学习乐器或声乐将是有益的尝试。

重要的是，父母在选择兴趣班时，不应仅仅基于自己的期望或社会的流行趋势，而应真正从孩子的个性和能力出发。通过这样的方式，孩子不仅能在兴趣班中获得乐趣和成就感，还能在他们擅长的领域里得到更深层次的发展。

>>> **孩子是否有兴趣**

兴趣是孩子学习过程中最宝贵的驱动力，它能够激发孩子内在的动力，使他们在学习中保持积极主动的态度。每个孩子都是独特的个体，拥有不同的性格和兴趣点。有的孩子对音乐的旋律情有独钟，有的孩子在绿茵场上追逐足球时感到无比快乐，还有的孩子则在画布上挥洒色彩时展现出惊人的创造力。

在决定为孩子报名兴趣班之前,父母与孩子的沟通至关重要。通过讨论,父母可以了解孩子的真实想法,并且带孩子参加体验课,让他们亲身感受这项活动是否真正吸引自己。孩子如果对某个兴趣班表现出持续的兴趣,他们更有可能投入时间和精力去深入学习和探索。

然而,孩子的好奇心往往旺盛而短暂,他们可能对新鲜事物表现出一时的热情,但这并不意味着他们能够长期保持这种热情。父母在这一过程中需要具备辨识能力,观察孩子的兴趣是否只是一时的好奇,还是真正的热情所在。

为了测试孩子的兴趣是否持久,父母可以采取延迟满足的策略。例如,如果孩子表示想要学习小提琴,父母不必急于满足这一愿望,而是可以设定一些目标,让孩子通过自己的努力来赢得学习的机会。这种方法不仅能够培养孩子的耐心和毅力,还能让孩子更加珍惜所得的机会。

父母在孩子兴趣班的选择上,应该避免仓促决策。有时,孩子在商场随意触摸了一下钢琴的琴键,父母便立刻为他们报名钢琴班,甚至购买钢琴。然而,当孩子很快失去兴趣时,父母便开始感到失望和困惑。这种情况下,问题往往不在于孩子,而在于父母没有充分确认孩子是否能够对这个领域保持长期的兴趣。

总之,父母在选择兴趣班时,应该综合考虑孩子的兴趣、好奇心和长期热情,通过观察、沟通和适当的测试,来确定孩子是否真正对某个领域感兴趣。通过这样的方式,孩子不仅能够在兴趣班中找到乐趣，还能在兴趣的驱动下，不断学习和成长。

>>> **年龄是否合适**

　　选择兴趣班时，孩子的年龄和相应的发展阶段是不可忽视的重要因素。不同年龄段的孩子在生理和心理上都有所不同，这直接影响了他们学习特定技能的能力。例如，学习小提琴不仅要求孩子具备一定的手部力量来支撑乐器，还需要他们有足够的耐心和专注力来跟随节奏和旋律。通常，五六岁的孩子开始学习小提琴可能更为合适，因为这时他们的身体协调性和肌肉控制能力已有所发展。

　　书法课则要求孩子具备一定的文字知识，并且能够遵循严格的规则和结构，这通常需要孩子有较好的专注力和细致的观察能力。对于大班前的孩子来说，他们的手部肌肉发展和注意力集中度可能还不够成熟，因此，过早开始学习书法可能并不适合。

　　戏剧和表演类的兴趣班则更为灵活，它们不受严格的年龄限制，从3岁的孩子到成年人都可以参与。戏剧活动不仅能够激发孩子的想象力和创造力，还能帮助他们提高表达和沟通能力。

　　对于大多数孩子而言，兴趣班是他们日常生活的补充，而非全部。它们不应该成为孩子成长过程中的压力来源。如果孩子在某个领域没有展现出特别的天赋，父母不必过于焦虑孩子是否掌握了更多的技能。相反，父母应该鼓励孩子根据自己的兴趣选择一两个爱好，并坚持下去。

　　父母为孩子选择兴趣班的目的应该是丰富孩子的生活体验，提供一个情感的寄托，或者在特定的社交场合中，孩子能够展示自己的特长。因此，选择适合孩子年龄和发展阶段的兴趣班，让孩子在轻松愉快的环境中学习和成长,才是更为理智和有益的做法。

● 幼升小准备,平和过渡,助力入学

随着孩子逐渐长大,从幼儿园升为小学成了一个重要的转折点。对许多父母而言,这个阶段的到来伴随着种种焦虑与期待。幼升小不仅是孩子学习环境的改变,更是他们在心理、生理及社交能力等多方面面临的一次重大挑战。因此,如何为孩子做好充分的准备,实现平和过渡,助力他们顺利入学,成为父母们必须面对的重要课题。

>>> 认识幼升小的意义与挑战

幼升小,是孩子从幼儿园教育过渡到小学教育的重要阶段。幼儿园阶段的教育注重游戏化教学、寓教于乐,致力于培养孩子的兴趣爱好、社交能力和初步认知能力。而小学则更加注重知识的传授、学习习惯的养成及纪律性的培养。这种转变不仅要求孩子具备更强的自我管理能力,还对他们的身心发展提出了新的要求。

在这个阶段,孩子将面临多方面的挑战。首先是学习环境的变化,从自由活泼的幼儿园教室转变为规范有序的小学课堂,孩子需要适应新的教学方式和学习节奏。其次是学习内容的增加和难度的提升,小学课程更具系统性和深入性,需要孩子具备更强的学习能力和专注力。此外,孩子还需要学会与同学相处、与老师沟通,建立良好的人际关系,这对他们的社交能力也提出了新

的挑战。

>>> **幼小衔接：适度准备，平稳过渡**

面对幼升小的挑战，我们需要为孩子做好全面的幼小衔接准备。但值得注意的是，这种准备应当是适度的、科学的，而不是盲目的、超前的。以下是一些具体的建议：

心理准备

首先，我们需要帮助孩子建立对小学生活的积极期待。可以通过与孩子分享小学的生活场景、介绍结交新朋友的方式等，让孩子对小学生活产生向往和兴趣。同时，也要让孩子了解小学与幼儿园的不同之处，如作息时间、课堂纪律等，以便他们提前做好准备。

此外，我们还需要关注孩子的情绪变化，及时给予关爱和支持。在幼升小阶段，孩子可能会因不适应新环境而产生焦虑、不安等情绪。我们要耐心倾听孩子的感受，鼓励他们表达自己的想法和困惑，并给予积极的回应和建议。

学习准备

在学习方面，我们可以适度引导孩子开展一些基础知识的复习和预习。但需要注意的是，这种复习和预习应当是轻松愉快的，避免给孩子带来过大的压力。我们可以借助游戏、故事等方式，激发孩子的学习兴趣，帮助他们掌握一些基本的学习方法和技巧。

同时，我们也要注重培养孩子的自主学习能力和良好的学习习惯。可以设定固定的学习时间，鼓励孩子自己完成作业和阅读任务；教会孩子如何整理书包、准备学习用品等；引导孩子学会合理安排时间、制订学习计划等。这些习惯的培养将有助于孩子更好地适应小学的学习生活。

社交准备

在社交方面，我们可以鼓励孩子多参加集体活动、结交新朋友。可以带孩子参加一些社区活动、亲子游戏等，让孩子在与其他孩子的互动中学会分享、合作及沟通。同时，也要教育孩子尊重他人、礼貌待人、学会处理人际关系中的矛盾和冲突。这些社交能力的培养将有助于孩子更好地融入小学的集体生活。

生活准备

在生活方面，我们需要教会孩子一些基本的生活技能。如穿衣、吃饭、洗漱等个人卫生习惯；整理床铺、打扫房间等家务劳动；以及简单的安全知识和自我保护能力；等等。这些生活技能的培养将有助于孩子更好地适应独立生活，保护自己。

>>> 择校策略：**全面考量，理性选择**

在为孩子选择小学时，我们需要全面考量各种因素并做出理性的选择。以下是一些具体的建议：

了解学校情况

在选择小学之前，我们需要充分了解学校的基本情况，包括学校的办学历史、师资力量、教学设施、教学质量及校风校训等。我们可以通过查看学校官网、向学校老师或家长咨询、参观校园等方式获取信息。这些信息将有助于我们更全面地了解学校并做出明智的选择。

考虑孩子的实际情况

在选择小学时，我们还需要考虑孩子的实际情况。包括孩子的兴趣爱好、性格特点、学习能力及身体状况等。不同的小学有着不同的教育理念和教学方式，我们需要依据孩子的实际情况，选择最适合他们的学校。例如，如果孩子对音乐或美术有浓厚的兴趣，可以选择具有相关特色的学校；如果孩子性格内向、不善于交际，我们可以选择注重培养学生社交能力的学校。

关注学校的教育理念

教育理念是学校办学的灵魂和核心。在选择小学时，我们需要关注学校的教育理念是否与自己的教育观相契合。一个好的教育理念能够引导孩子全面发展，培养他们积极向上的品格和价值观。例如，一些学校注重培养学生的创新精神和实践能力；一些学校则强调学生的品德教育和人文素养等。我们可以根据自己的教育观选择最符合自己期望的学校。

考虑地理位置和交通因素

地理位置和交通因素也是选择小学时需要考虑的重要因素之一。选择一个离家近且交通便利的学校，能够方便我们接送孩子，减少路途中的安全隐患。同时，也可以让孩子有更多的时间和精力投入学习和生活中去。

避免盲目跟风

在选择小学时，我们还需要避免盲目跟风。不要仅仅因为某个学校名气大或者排名靠前就盲目选择它，却忽视了孩子个人的需求和实际情况。每个孩子都是独一无二的，他们的成长轨迹和发展方向也不尽相同。因此，我们在选择学校时，应该综合考虑多方面的因素，包括孩子的兴趣、能力、性格及家庭的经济状况和时间安排等，从而做出最适合孩子的选择。

>>> 注重孩子的心理健康

在幼升小阶段，孩子的心理健康同样不容忽视。面对新的环境和挑战，孩子可能会产生焦虑、不安等情绪。父母应该密切关注孩子的心理状态，及时给予关爱和支持。

关注孩子的情绪变化

父母应该密切关注孩子的情绪变化，及时发现并处理孩子的负面情绪。当孩子表现出焦虑、不安等情绪时，父母应该耐心倾听孩子的感受，给予积极的回应和建议。同时，也可以通过一些放松训练、情绪调节等方法帮助孩子缓解负面情绪。

培养孩子的自信心

自信心是孩子成长过程中的重要品质之一。父母应该通过肯定和鼓励的方式培养孩子的自信心。当孩子取得进步或成就时，应该及时给予肯定和表扬；当孩子遇到困难和挫折时，也应该鼓励他们勇敢面对并克服困难。通过不断肯定和鼓励，孩子能逐渐建立起自信心，形成积极的心态。

关注孩子的社交能力

良好的社交能力对孩子的成长至关重要。在幼升小阶段，孩子需要学会与同学相处、与老师沟通等社交技能。父母应该关注孩子的社交能力发展，鼓励他们多参加集体活动、结交新朋友。同时，父母也可以通过一些角色扮演、情景模拟等方式帮助孩子提升社交能力。

幼升小是孩子成长过程中的一个重要阶段，也是我们需要付出更多关注和努力的一个时期。通过适度的准备及关注孩子的心理健康等多方面的努力，我们可以帮助孩子实现平稳过渡并顺利适应小学生活。

● 零食，适度享受，不必过度焦虑

我们经常提醒孩子："少吃糖，小心蛀牙。""别总是吃零食，可能会影响你的大脑发育。"这些忠告虽然出于好意，但过分的限制有时反而会激发孩子对零食的渴望，甚至可能会带来更大的危害。

据新闻报道，一名年仅5岁的小女孩险些落入人贩之手，诱因竟是陌生人手中的糖果诱惑。值得注意的是，女孩家中，无论是薯片还是糖果，均因母亲的规定被严格限制。一颗小小的糖果险些改写孩子的命运轨迹。

一项研究揭示，长期被限制食用零食的儿童，对食物展现出异常高的敏感度，有时甚至会做出一些出格的行为。例如，有7岁孩童因父母从未为其购买零食，在超市内忍不住偷吃，其行为背后透露出深深的渴望与无奈。此外，童年时期在零食上的匮乏感，可能让孩子成年后感觉被父母亏欠，进而对亲子关系产生负面影响。更为深远的是，这种长期受限的环境还可能塑造孩子不良的性格特征。

孩子的渴望如同江河之水，疏导方为上策，而非一味筑坝阻拦。尤其是面对那些色彩斑斓、诱惑味蕾的零食，孩子们几乎难以自持。因此，简单粗暴的禁止策略往往难以奏效，甚至可能引发反作用。

小明家的小儿子，在4岁那年对冰激凌产生了浓厚的兴趣。

每当看到哥哥享受冰激凌时,他的眼里总是闪烁着渴望的光芒,但妈妈总是以"你还太小,吃太多冰激凌会肚子疼"为由拒绝他。每当这时,小家伙就会委屈地瘪起嘴,甚至偷偷抹眼泪。

爸爸小明看在眼里,觉得长期这样压抑孩子的欲望可能不是好办法。于是,他决定用一种更具智慧的方式来处理这个问题。他先是和小儿子进行了一次认真的对话,告诉他冰激凌虽然好吃,但吃多了确实对身体不好,尤其是小孩子的肠胃。接着,爸爸教小儿子如何适量享用冰激凌,比如每次只吃一小口,慢慢品尝,吃完后要记得漱口保护牙齿。

得到爸爸的许可和指导后,小儿子仿佛获得了珍贵的"特权",他开始按照爸爸教的方法享用冰激凌,每次一小口,一天最多吃一个。而且吃得特别开心,还会主动跟家人分享他的感受。起初几天,他确实显得有些兴奋,吃得稍微多了一些,但随着时间的推移,他自然而然地学会了控制自己的欲望,不再贪多。

妈妈看到这一幕,心里既欣慰又感慨。她意识到,适当的引导和教育,比单纯的压制更能帮助孩子健康成长。从此以后,小儿子不仅学会了如何合理享用美食,还养成了自律的好习惯,这一转变让全家人都感到非常高兴。

每个人在成长的道路上都需要学会与自身的欲望和谐共处,而吃零食这一日常小事,实际上成了培养孩子自我控制力和理解欲望边界的宝贵机会。父母在处理孩子吃零食的问题时,应当调整自己的教育观念,认识到这不仅关乎健康饮食,更是孩子情感发展和社会学习的一部分。

一个充满色彩与香味的童年，是孩子成长过程中不可或缺的宝贵财富。它不仅意味着孩子可以品尝到各种美味的食物，更重要的是，这样的童年能够激发孩子的好奇心、探索欲，让他们学会在享受与节制之间找到平衡。当父母以开放和理解的态度对待孩子的零食需求时，孩子也能从中学习到如何管理自己的欲望，如何在欲望与现实之间做出合理的选择。

>>> 选择健康的小零食

父母对孩子吃零食的焦虑，往往源于对"零食即垃圾食品"的刻板认知。诚然，市场上存在许多高糖、高脂肪、含有过多添加剂的零食，长期过量食用这些食品确实不利于孩子的健康。然而，关键在于把握平衡与适量，以及选择合适的零食种类。

零食作为孩子日常饮食的一部分，不仅能够满足他们对食物的好奇心和探索欲，还能在一定程度上提供能量和营养补充。因此，一个充满快乐的童年，不应该缺少零食带来的乐趣。

为了让孩子既能享受零食的乐趣，又能保证健康，父母应当学会挑选健康的零食。这包括但不限于新鲜的水果、无添加的果干、优质的奶制品及适量的坚果等。这些食品富含维生素、矿物质、蛋白质和膳食纤维，对孩子的成长发育大有裨益。

同时，父母在选购零食时，应仔细阅读食品成分表，避免选择含有过多糖分、脂肪和添加剂的产品。特别是那些含有植物奶油、植物黄油等不健康成分的饼干类食品，更应谨慎对待，尽量不给孩子食用。

>>> 零食可控

孩子的生长发育迅速，对营养的需求量大，但他们的胃容量相对较小,三餐之间的间隔时间较长,仅靠正餐往往难以满足其能量和营养需求。此时,适量的小零食就能起到很好的补充作用,帮助孩子保持精力充沛,促进健康成长。

世界卫生组织的建议也强调了这一点,即小孩一天最好保证3至4餐,并在两餐之间适量给予小零食以补充能量。然而,父母在给予孩子零食时,需要注意几个关键点:一是避免在餐前吃零食,以免影响正餐的食欲;二是吃零食与吃正餐的时间间隔应适当拉长,以便孩子更好地消化和吸收;三是零食的量一定要控制,不能多于正餐,以免影响孩子的正常饮食结构和营养摄入。

在选择零食时,父母应当优先考虑那些健康、营养丰富的食品,如水果、奶制品、坚果等,而避免选择高糖、高脂肪、高添加剂的糖果、饼干等食品。同时,对糖果、饼干等体积小、能量高的食品,父母应当控制购买的包装大小和每次给孩子的量,以免孩子过量食用。

总之,零食并不可怕,只要父母能够合理控制孩子的零食种类、数量和食用时间,就能够让孩子在享受美食的同时,保持健康的饮食习惯和营养摄入。

>>> 不要用零食去哄骗孩子

用零食去哄骗孩子并不是一个明智的做法。虽然这种方法可能在短期内有效,能够迅速安抚孩子的情绪,但从长远来看,它可能产生一系列不利的影响。

首先,频繁使用零食作为安抚手段会让孩子形成对食物的过度依赖,导致他们变得贪吃,甚至可能引发肥胖等健康问题。更重要的是,这种单一的刺激方式会限制孩子其他感官和神经中枢的发展，影响他们的全面成长。

其次，用零食哄骗孩子还可能让他们误以为哭闹是获取想要东西的有效手段，从而增加哭闹的频率。这种不良的行为习惯一旦形成，将很难纠正，给家庭教育和孩子的社交能力带来负面影响。

因此，父母应该努力寻找其他更有效的安抚和哄孩子的方法。比如，通过讲故事、玩游戏、做运动等方式来分散孩子的注意力，满足他们探索世界、寻求新奇刺激的需求。同时，父母还可以尝试与孩子建立更加亲密和信任的关系，让他们感受到来自家庭的温暖和支持，从而减少哭闹和不安的情绪。

总之，用零食哄骗孩子并不是一个可持续且健康的做法。父母应该关注孩子的全面发展，努力培养他们的多感官体验和自主控制能力，为他们的健康成长奠定坚实的基础。

>>> 吃完零食刷牙漱口

蛀牙是儿童常见的口腔问题之一，而吃零食后不及时清洁口腔是导致蛀牙的重要原因之一。因此，让孩子养成吃完零食后漱口、刷牙的好习惯，对预防蛀牙至关重要。

为了让孩子养成这一习惯，父母可以采取以下措施：

1. 树立榜样：父母自身应该保持良好的口腔卫生习惯，让孩子在耳濡目染中受到熏陶。

2. 耐心引导：在孩子刚开始学习漱口和刷牙时，父母需要耐心指导和示范，确保孩子掌握正确的方法。

3. 制定规则：可以与孩子一起制定吃完零食后必须漱口或刷牙的规则，并坚持执行。

4. 选择适合孩子的牙刷和牙膏：根据孩子的年龄和口腔特点，选择软毛、小头的牙刷和适合儿童使用的牙膏。

5. 表扬鼓励：当孩子主动漱口或刷牙时，父母应该及时给予表扬和鼓励，增强孩子的积极性和自信心。

6. 定期检查：定期带孩子去口腔科检查牙齿健康状况，及时发现并处理潜在问题。

通过这些措施的实施，可以帮助孩子养成吃完零食后漱口、刷牙的好习惯，从而有效预防蛀牙的发生。同时，这也将促进孩子整体口腔健康的发展，为他们未来的生活奠定良好的基础。

>>> 让孩子参与日常烹饪

让孩子参与日常烹饪是一个非常棒的主意！这不仅能够培养孩子对健康食物的好感，还能增进亲子关系，让孩子更加期待正餐时间，从而可能降低对零食的依赖。

通过参与烹饪，孩子们可以亲身体验到食物的来源、制作过程及它们对身体的好处。他们会了解不同食材的营养价值，学会如何搭配食材来制作美味又健康的餐点。这种亲身体验会让他们更加珍惜食物，更愿意尝试并接受各种健康食品。

同时，参与烹饪也能锻炼孩子的动手能力、创造力和解决问题的能力。在烹饪过程中，孩子们需要学习如何测量食材、掌握火候、使用厨具等技能，这些都将有助于培养他们的实践能力和生活技能。

更重要的是，让孩子参与烹饪可以帮助他们建立健康的饮食习惯和零食观念。当孩子们亲手制作并品尝到自己制作的美食时，他们会更加珍惜这些食物，也更容易接受并喜欢这些食物的味道和口感。这样一来，他们就更有可能在正餐时吃饱吃好，减少对零食的渴望和依赖。

当然，父母在引导孩子吃零食时也需要注意方法和策略。要帮助孩子建立科学的零食观念，让他们了解哪些零食是健康的、哪些是不健康的；要引导孩子有节制地吃零食，避免过量摄入糖分、脂肪等不健康成分；同时，也要教育孩子如何与欲望相处，锻炼他们的判断力和自控力。

总之，让孩子参与日常烹饪是一个既有趣又有益的活动。它不仅能够帮助孩子建立健康的饮食习惯，树立正确的零食观念，还能够增进亲子关系、锻炼孩子的实践能力和生活技能。父母们不妨多给孩子一些机会让他们参与烹饪吧！

● 电子产品，引导孩子健康使用

在当今这个数字化时代，手机、电脑等电子产品已经深深融入了孩子们的生活，成为他们日常娱乐、学习的重要伙伴。然而，这份"亲密"却让无数父母陷入了深深的忧虑之中。他们担心孩子长时间盯着屏幕会伤害视力，担忧电子产品会影响孩子的大脑发育和专注力，更害怕孩子接触不良内容而误入歧途，影响学业甚至性格发展。

张妈妈就是一个典型的例子。她的儿子小明自从有了自己的手机后，每天放学后第一件事就是拿起它玩游戏或看视频。张妈妈看在眼里，急在心里。她深知长时间使用电子产品的危害，多次尝试限制小明的使用时间，但每次都会遭到小明的强烈反抗，甚至哭闹不止。面对孩子的眼泪和哀求，张妈妈总是心软，最终不得不妥协。这种无奈与焦虑，几乎成了每个现代家庭共同的难题。

然而，焦虑与纵容并非解决问题的良策。我们需要找到一种更加智慧、更加科学的方法来引导孩子健康使用电子产品。

首先，我们需要正视一个现实：在这个科技日新月异的时代，电子产品已经不再是奢侈品，而是学习和生活的必需品。禁止孩子接触电子产品，无异于将孩子隔绝于现代社会之外，这显然是不切实际的。因此，我们应当调整心态，从"禁止"转向"引导"，理解并接纳这一时代的变化。

许多时候，孩子对电子产品的依赖，其实源于父母的无意识纵容或逃避。当忙碌一天的父母希望片刻宁静时，往往会随手递给孩子一部手机，以换取片刻的安宁。这种"偷懒"行为，无形中培养了孩子对电子产品的依赖。正如育儿专家李玫瑾教授所强调的："孩子的问题，往往是父母问题的映射。"因此，父母应当首先反思自己的行为，成为孩子健康使用电子产品的榜样。

面对电子产品的诱惑，我们应当采取"疏而非堵"的策略。与其简单粗暴地禁止，不如与孩子一起探索电子产品的积极面，共同寻找寓教于乐的方式。比如，可以挑选一些寓教于乐的应用软件、益智游戏或在线课程，与孩子一同学习、探索。这样既能满足孩子的好奇心，又能增进亲子关系，让孩子在玩乐中收获知识。

>>> 科学护眼：细节决定健康

针对父母最为担忧的视力问题，科学用眼至关重要。我们应教会孩子保持正确的坐姿和用眼距离，遵循"20-20-20"原则，即每用眼 20 分钟就远眺 20 英尺（约 6 米）的地方至少 20 秒，以缓解视觉疲劳。同时，注意调节电子屏幕的光线亮度和室内照明条件，确保用眼环境舒适。此外，适量补充富含维生素 A 和 β - 胡萝卜素的食物，也有助于保护孩子的视力健康。

>>> **丰富生活：培养多元兴趣**

孩子之所以依赖电子产品，多半是因为无聊。如果有比看手机、玩电脑更有趣的事吸引他，他自然会选择更有趣的事。

当父母抱怨孩子沉迷电子产品的时候，想想自己是否愿意陪孩子去楼下跳绳？是否愿意陪孩子玩角色扮演？是否愿意陪孩子玩过家家、捉迷藏、老鹰抓小鸡、表演节目等游戏？是否愿意给孩子讲故事？是否愿意和孩子聊聊他感兴趣的事？如果你不愿意在陪伴上付出时间和精力，那就别怪孩子把注意力放在电子产品上。

因此，我们应努力丰富孩子的课余生活，引导他们参与阅读、运动、旅行、音乐等多种活动。这些活动不仅能够锻炼孩子的身心，还能培养他们的兴趣爱好和社交能力，让孩子在多元化的体验中找到乐趣和成就感，从而减少对电子产品的依赖。

>>> **规则意识：自律成就未来**

制定并执行合理的使用规则也是引导孩子健康使用电子产品的重要一环。我们应与孩子协商，设定每天使用电子产品的时间和内容，并明确奖惩机制。一旦规则制定，就要坚决执行，不因孩子的哭闹而妥协。这样做不仅有助于培养孩子的规则意识和自律能力，还能让他们学会对自己的行为负责。

在这个科技飞速发展的时代，电子产品已经成为孩子们探索世界的重要工具。作为父母，我们应当以开放的心态和科学的方法引导孩子健康使用电子产品，让科技之光照亮他们的成长之路，让孩子在享受科技带来的便利和乐趣的同时，也能保持身心的健康发展。记住，作为父母，我们的责任是引导孩子走向正确的道路，而不是成为他们成长道路上的绊脚石。

● 专家意见，取其精华，去其糟粕

在育儿与教育的广阔领域中，很多父母都面临着前所未有的挑战与机遇。我们这一代，作为信息时代的产物，既渴望吸收最新的教育理念，又不愿被传统的束缚所限制。这种心态使我们自然而然地转向了儿童教育领域的权威专家，希望从他们那里找到育儿的"金科玉律"。然而，即便是像让·皮亚杰这样的权威人物，其观点也并非全然无误。

让·皮亚杰有一个著名的"三山实验"，实验内容是准备三座高低、大小和颜色不同的假山模型，先要求孩子分别从模型的四个角度观察，然后让孩子面对模型而坐，在山的另一边放一个娃娃。最后，请孩子从四张图片中选择，哪一个是娃娃眼中看到的山。

实验的结果是，孩子们无法完成这个任务。他们只能从自己的角度来描述"三山"的形状。皮亚杰以此来证明儿童的"自我中心"的特点。这个著名的实验，广受争议，最终被证伪。

李玫瑾教授常常在各大视频网站出现，在纷繁复杂的网络世界中，以其深厚的犯罪心理和青少年心理研究功底，照亮了无数家庭育儿的道路。她的育儿观念独树一帜，强调父母的积极引导与适度干预，直击现代家庭教育的痛点，赢得了家长的广泛赞誉与追随。

然而，在这股热潮之中，另一位育儿界的重量级人物——尹建莉老师，却以截然不同的视角发出了自己的声音。作为知名高校的教育硕士，她不仅拥有扎实的理论基础，更在十余年的一线教育工作中积累了丰富的实战经验。更重要的是，她以自己的亲身经历，成功培育了一个优秀的女儿，并著有畅销书《好妈妈胜过好老师》，成为众多父母心中的育儿宝典。

尹建莉老师主张，育儿之道在于给予孩子更多的爱与自由。她认为，每个孩子都是独一无二的个体，需要被尊重、被理解、被信任。在爱与自由的环境中成长的孩子，将拥有更强的自信心、创造力和独立解决问题的能力。这一观点与李玫瑾教授的强势干预理念形成了鲜明对比，也引发了育儿界的一场热烈讨论。

面对两位育儿专家的不同理念，我们陷入了深深的困惑与迷茫。我们深知两位都是业界的佼佼者，所言所行皆出自肺腑，各具道理。然而，在育儿的道路上，我们究竟该何去何从？是选择李玫瑾教授的积极干预，还是尹建莉老师的爱与自由？这成为摆在很多家长面前的一道难题。

要解决这个问题，我们首先要弄明白自己为什么愿意听育儿专家的。家长们之所以愿意听信育儿专家的话，归根结底是担心自己教不好，尤其是新手爸妈。就像《爸爸去哪儿》的主题曲"这是第一次／当你的老爸／我们的心情／都有点复杂……"相比于自己的 0 经验，或者较低的文化水平，教育专家的权威性当然更容易捕获父母的信任。但就像尽信书不如无书，教育专家即便资历再深，再耀眼，毕竟也是人，也难免会犯错，提出的育儿观念有时候也会失之偏颇。那么，该如何理智看待教育专家提出的育儿理念？

>>> **结合实际**

再好的育儿理念，如果不适合自家孩子也没有价值。教育专家提出的理念针对的是大多数孩子，而你的孩子可能恰恰是那一小部分孩子。因此，听取专家的话要结合自己孩子成长的实际情况，不能盲目照搬。

崔玉涛医生曾说："医术其实是艺术，要看人，不是看数据。"育儿也是一样，养育知识也要因孩子而异。很多理论看起来很有道理，放在个体上却不一定能达到预期的效果。要找到真正有效的方法，必须自己在育儿实践中摸索。

比如，诸多育儿专家普遍告诫，对孩子大吼大叫乃教育之大忌，此言初听之下，无懈可击。众多父母闻之即行，竭力克制自己不对孩子高声斥责。然而，他们往往仅是在音量上做了减法，内心的怒火却如同暗流涌动，难以平息。短暂的自我控制后，终难抵挡情绪的洪流，导致情绪失控，随后又陷入深深的自责之中，循环往复，无法自拔。

实则，摒弃吼叫教育远非单纯降低音量或伪装温柔那般简单。那种刻意压抑的"温柔威胁"对孩子心灵的伤害或许并不亚于直接的咆哮。真正的关键，在于深刻理解孩子的内心世界与真实需求，同时也不忘照顾好自己的情绪与状态。当我们能够敏锐地洞察孩子的需求，并妥善管理自己的情绪时，无须刻意压制，亦能自然避免不必要的怒火，实现和谐而有效的亲子沟通。

教育孩子是个摸索的过程，就算有专家的权威指导，我们也仍然会在实践中走一些弯路，直到慢慢摸索出适合自己孩子的方法。就像学习，学霸的学习方法直接复制到你的脑子里，你也不会一下子成为学霸。在育儿的道路上，去摸索，去观察，慢慢才能总结出适合自己孩子的方法、经验。

>>> 辩证看待

一个观点的正确性是建立在特定的环境背景之中的。如果忽略背景，简单一分为二非黑即白地看待问题，也是会出差错的。

大家都熟悉著名的糖果实验，实验对象是一群4岁左右的孩子，实验人员给他们每个人一块糖果，并承诺如果可以忍住不吃，等实验人员回来，就能再得到一块糖果。如果忍不住吃掉，就得不到后面的奖励了。经过跟踪发现，等待时间越长的孩子，学业成绩越好，处理挫折和抗压能力也越强。

这个实验结果得到了很多专家的大力宣扬，他们认为通过"延迟满足"可以让孩子学会等待，学会忍耐。其实，这实验里的孩子多来自美国富裕中产家庭，且不说糖果对他们的诱惑力有多大，单单是他们的家庭背景就不具有人口样本的代表性。

而且，这个实验考察的是奖励动机对孩子的影响，对于动机强的孩子来说，延迟满足的确可以激发他们的内驱力，但这也很可能低估了那些动机弱的孩子的潜力。如果你的孩子恰好就是动机弱的孩子，那完全可以用其他方式激励孩子。更何况孩子的自我控制力也是有一个发展过程的，并非天生就具备。

所以，任何事情都不是绝对的，在育儿道路上，面对那些权威的人物或者理论，也要辩证去分析，避免因为理解肤浅而导致错误应用。

保持冷静和理智，要从权威那里汲取营养成分，但绝不要盲听盲从。不用怀疑，教育自己的孩子，真正的权威，就是你自己。

● 网络信息，学会辨别，不必盲目跟随

在这个信息爆炸的时代，网络成了我们获取知识的重要渠道。然而，网络上的信息五花八门，真伪难辨，这就要求我们学会辨别，而不是盲目跟随。有人调侃说，身体不舒服不能查百度，越查心越慌。你本来可能只是因为吃多了撑得慌，结果一搜，好家伙，各种可怕的病症都在向你招手，感觉分分钟都能变成"晚期患者"。特别是在育儿这个领域，新手爸妈们面临的问题是层出不穷的。从宝宝的饮食、睡眠到教育，每一个问题都可能引发焦虑。比如，宝宝什么时候断奶合适？什么时候开始添加辅食？宝宝自己睡小床安全吗？夏天要不要给宝宝穿袜子？这些问题，每一个都像是新手爸妈的"难题炸弹"，让人应接不暇。

说到求助网络，宝爸宝妈们肯定都深有体会，百度、谷歌一搜一大堆，答案满天飞，但它们却像万花筒一样让人眼花缭乱，甚至彼此矛盾，让人分不清东南西北。

那么，为何网络信息这么让人摸不着头脑呢？其实，这多半是因为文章篇幅有限，往往只能呈现一个角度，自然难以做到面面俱到。再加上作者本人的知识和经验局限，信息的可靠性自然

也打了折扣。面对着信息的狂轰滥炸，我们怎样才能练就一双能洞察真伪的眼睛，从海量信息中辨别真伪呢？

第一，确保知识的来源靠谱。曾有一则标题为"迷信育儿公众号自愈理论，宁波女婴高烧近40℃其母不让去医院"的新闻刷爆了朋友圈，评论区一大堆人骂育儿公众号不靠谱。那些育儿公众号，虽然有时候能提供一些有趣的观点，但它们并不总是可靠的。就像那个宁波女婴的案例，它给我们敲响了警钟：盲目相信未经验证的信息可能会带来严重的后果。所以，我们应该如何找到那些靠谱的育儿知识呢？

首先，那些有着专业背景的医疗机构或育儿专家相对可以信赖。他们的意见通常基于大量的研究和实践，更加值得信赖。

其次，一些权威的育儿书籍也是很好的资源。这些书籍往往由经验丰富的专家撰写，内容经过了严格的审核和筛选。

最后，我们还可以多听听身边有经验的家长的建议。毕竟，他们的亲身经历也是宝贵的知识来源。但是，我们自己也要具备一定的判断力，对任何信息，都要保持怀疑的态度，多方求证，这样才能避免被不靠谱的信息误导。

第二，我们得注重知识的时效性。育儿知识不是一成不变的，随着科学研究的深入和时代的发展，一些旧的观点可能会被新的研究结果所取代。例如，关于婴儿辅食的添加，不同版本的儿科指南可能会有不同的建议。因此，作为父母，我们需要不断更新自己的知识库，以确保我们遵循的是最新的、科学的育儿方法。

第三，知其然还要知其所以然。了解背后的原因，可以帮助我们更好地理解育儿建议的科学依据，从而减少不必要的焦虑。例如，我们都知道不要给1岁以内的孩子吃盐，但为什么不能吃盐，又不能说出个所以然。实际上，不吃盐是为了控制钠的摄入量。钠是人体微量元素之一，1岁之内的宝宝肾脏功能发育不全，奶粉里含的钠已经足够，不需要额外摄入。多问为什么，了解背后的原因，咱们就不容易焦虑。

第四，多读一些权威的育儿书籍。这些书籍不仅提供了丰富的育儿知识，还能够帮助我们建立起科学的育儿观念。它们是经过时间检验的，比起网络上那些未经筛选的信息，更能给我们提供稳定和可靠的指导。

总之，作为父母，我们在育儿的道路上需要不断学习和成长。通过确保信息来源的可靠性，注重知识的时效性，深入了解背后的原因，以及阅读权威的育儿书籍，我们可以更加自信和从容地面对育儿中的各种挑战。

● 消费观念的引导：教育孩子区分需要和欲望

在当今这个物质丰富、信息爆炸的时代，孩子们面临着前所未有的诱惑和选择。从玩具到电子产品，从零食到服装，各种商品琳琅满目，让孩子们目不暇接。然而，在这个消费主义盛行的社会里，如何引导孩子树立正确的消费观念，区分需要和欲望，成了每位父母必须面对的重要课题。

>>> 认识需要与欲望的区别

在教育孩子如何理性消费之前，我们必须理解并区分"需要"与"欲望"这两个概念。这不仅是一个哲学问题,更是一个实际生活中每天都在面对的选择问题。

需要,从字面上理解,是指那些为了维持生命和满足基本生活所必需的条件。这些需求是基本的、不可或缺的,它们包括食物、水、衣物、住所和基本的医疗保健。这些需求是生存的基础,是每个人都应当得到满足的基本权利。它们是紧迫的,关乎到我们的生存和健康,是我们必须首先满足的。

相比之下,欲望则是在基本需求得到满足之后,人们为了追求更高层次的心理满足和享受而产生的渴望。欲望往往与个人的价值观、社会地位和审美偏好紧密相关。它们可能包括对奢侈品的追求、对名牌的崇拜,或是对最新科技产品的追求。欲望本身并不是负面的,但当它们超越了个人的支付能力和实际需求时,就可能导致不理智的消费行为。

>>> 以身作则,成为孩子的榜样

作为孩子的第一任老师,父母的行为和态度对孩子有不可替代的影响。孩子天生具有模仿的本能,他们会观察父母的一举一动,从而学习如何与世界互动。因此,父母在消费行为上的示范作用至关重要。

避免过度消费

父母应该避免无节制的消费行为,比如冲动购物、购买不必要的物品。这种消费模式不仅会浪费资源,也会传递给孩子错误的消费观念。

展示理性消费

父母应该通过自己的消费选择来教育孩子。选择那些既实用又具有成本效益的商品，而不是仅仅因为它们外观吸引人或价格昂贵。这种消费行为可以向孩子展示如何根据实际需求和价值来做出明智的决策。

阐明消费目的

父母应该与孩子讨论消费的目的，帮助他们理解消费不仅仅是为了满足即时的欲望，更重要的是满足长期的生活需求。这种理解有助于孩子建立物质和非物质需求相平衡的观念。

实践环保消费

在购买商品时，父母可以优先选择那些对环境影响较小的产品，如可持续材料制成的商品或节能产品。这样的行为可以教育孩子认识到个人消费行为对环境的影响，并培养他们的环保意识。

分享消费经验

父母可以与孩子分享自己的消费经验，包括成功和失败的例子。通过这些故事，孩子可以学习到如何评估商品的价值，以及如何在不同的消费情境中做出合适的选择。

培养财务规划能力

父母可以通过家庭预算的制定和执行，向孩子展示如何规划和管理财务。让孩子参与到家庭预算的讨论中，使他们了解金钱的价值和家庭经济的重要性。

强调感恩与满足

父母应该教育孩子感恩他们所拥有的一切，并学会在物质和精神层面上感到满足。这种心态有助于孩子抵抗外界的消费压力，培养他们的内心平和与幸福感。

通过这些具体的做法，父母不仅能够在孩子心中树立起理性消费的榜样，还能够帮助孩子建立起一套健康、可持续的消费观念。这种观念将伴随孩子成长，成为他们未来生活中的重要指导原则。

>>> **教育案例分析**

案例一：小明的零用钱计划

小明是一个五年级的学生，他的父母每个月都会给他一定的零用钱。一开始，小明总是随意花费这些钱，买一些不必要的玩具和零食。然而，他的父母并没有直接指责他，而是与他一起制订了一个零用钱计划。他们首先让小明列出自己每个月的必需品清单，如学习用品、交通费用等，并计算出购买这些必需品所需的花费。然后，他们帮助小明制订了一个预算计划，让他根据自己的实际需要来分配零用钱。在这个过程中，父母鼓励小明多考虑商品的性价比和实用性，而不是仅仅被价格或外观所吸引。

经过一段时间的实践，小明逐渐学会了理性消费。他不再随意花费零用钱，而是将其用于购买自己真正需要的物品。同时，他也开始关注商品的品质和性价比，不再盲目追求名牌和奢侈品。小明的父母对他的变化感到非常满意，他们认为这是对孩子消费观念教育的一次成功尝试。

案例二：小红的生日礼物选择

小红即将过生日，她的朋友们纷纷提议送她各种礼物。然而，小红却婉言谢绝了他们的好意，她告诉朋友们自己并不需要这些礼物。她解释说，她已经有很多玩具和衣物了，她更希望朋友们能够陪她一起度过一个愉快的生日。小红的父母对她的做法表示赞赏和支持,他们认为这是孩子理性消费观念的一种体现。

  小红的父母借此机会与小红进行了一次深入的交流。他们告诉小红,虽然收到礼物是一种幸福和喜悦的事情,但真正的快乐并不来自物质的满足,而是来自人与人之间的情感交流。他们鼓励小红学会珍惜自己的已有物品,并通过分享和给予去体验真正的快乐。这次交流让小红更加坚定了自己的消费观念,她决定在以后的生活中继续践行理性消费的原则。

>>> 教育启示

  通过以上两个案例,我们可以看到,教育孩子区分需要和欲望并不是一件难事。只要我们以身作则、耐心引导,关注孩子的实际需求和心理变化,就能够帮助他们树立正确的消费观念。同时,我们也要教育孩子珍惜自己的已有物品,学会分享和给予,从而培养他们的感恩之心和责任感。只有这样,我们的孩子才能在这个物质丰富的时代中健康成长,成为有担当、有责任感的未来公民。

第四章

生养成本的智慧
——精打细算育儿经

● **食物的价值,不在于价格,而在于营养**

在育儿的道路上,每位父母都希望为孩子提供最好的,尤其是在饮食方面,更是精挑细选,生怕有所疏漏。一位宝妈分享了自己的经历,自从孩子开始尝试辅食,她就踏上了寻觅"高端"儿童面条的旅程。这些面条,标价从 20 元到 50 元,虽宣称添加了菠菜汁、野菜汁等健康元素,但对于频繁消耗面条的家庭而言,经济压力不言而喻。这不禁让人反思:食物的价值,真的与其价格成正比吗?

在大众认知中,高价往往与高品质、高营养画等号。然而,营养学界的专家们却给出了不同的答案。他们指出,食物的营养价值并非由其价格标签决定,即便是最普通的食材,也可能蕴藏着丰富的营养宝藏。以鸡蛋与鲍鱼为例,两者在价格上相去甚远,但若从营养成分的角度审视,却各有千秋。它们的蛋白质含量相差不大。鸡蛋的脂肪含量比鲍鱼高,鲍鱼的碳水化合物含量比鸡蛋多。鲍鱼富含的钙、铁、硒虽然比鸡蛋多不少,但鸡蛋中的维生素 A、维生素 B_1、维生素 B_2 又比鲍鱼多。这充分说明,贵的不一定就是最好的营养来源。

孩子的成长,如同幼苗的生长,离不开全面而均衡的营养供给。这意味着,我们的餐桌应该是一个多元化的舞台,每一种食物都有其不可替代的角色。米饭、馒头这些看似简单的碳水化合物来源,是身体能量的基础;五谷杂粮,虽价格低廉却富含膳食纤维,对孩子的肠道健康至关重要。正如一个交响乐团,缺少任何一件乐器的演奏,都无法奏出和谐美妙的乐章。

因此,在为孩子准备食物时,我们更应关注的是营养的全面性和均衡性,而非单纯追求价格的高低。合理搭配各种食材,让每一餐都成为一次营养的盛宴。比如,早餐可以是鸡蛋搭配全麦面包,既补充了优质蛋白质,又摄入了足够的膳食纤维;午餐可以是鱼肉搭配蔬菜,既满足了蛋白质的需求,又确保了维生素和矿物质的摄入;晚餐则可以选择五谷杂粮粥,既易于消化,又富含多种营养素。

>>> 用母乳代替奶粉

母乳喂养是新生儿和婴儿最理想的营养来源。母乳不仅含有丰富的营养成分,而且其中包含的 400 多种已知的营养成分远超配方奶粉的 40 多种。更重要的是,母乳中还含有丰富的活性抗体和免疫物质,这些对宝宝的免疫系统发展至关重要。

社会上存在一些关于母乳的误解，比如有人认为母乳在宝宝6个月后就没有营养了，或者在母亲生气时母乳会含有毒素。这些观点都是没有科学依据的。实际上，母乳会随着宝宝的成长而变化，以满足宝宝不断变化的营养需求。

坚持母乳喂养是每个有条件的母亲的首选。母乳不仅提供了宝宝所需的全部营养，还有助于建立母婴之间的情感联系。然而，如果因为某些原因无法进行母乳喂养，选择奶粉时也不应该盲目追求价格。奶粉的选择应该基于以下几个标准：

1. 安全性：确保奶粉来源可靠，生产过程符合安全标准。

2. 宝宝适应性：选择适合宝宝年龄和发育阶段的奶粉。

3. 吸收效果：观察宝宝对奶粉的接受程度，是否有不良反应，如便秘或腹泻。

4. 便便情况：宝宝的便便情况可以反映其对奶粉的消化吸收情况。

选择奶粉时，价格并不是唯一的考量因素。合适的奶粉应该是宝宝能够接受，且对其健康成长有益的。父母应该根据宝宝的实际需要和反应来选择奶粉，而不是仅仅依赖价格来判断奶粉的好坏。

最后，无论是母乳喂养还是奶粉喂养，父母都应该关注宝宝的整体健康和营养需求，确保宝宝能够在一个充满爱和关怀的环境中健康成长。

>>> **多在家里做饭**

多在家里做饭不仅是一种经济实惠的选择，更是一种健康的生活方式。外出就餐虽然方便，但往往价格不菲，而且快餐中可能含有过多的油脂和添加剂，长期食用对健康不利。对孩子的饮食，更是需要特别关注，因为他们的身体正处于快速发育阶段，合理的膳食搭配对他们的健康成长至关重要。自己动手做饭，可以控制食材的新鲜度和烹饪方式，确保食物的安全性和营养均衡。

自己动手做饭的好处：

1. 成本效益：自己购买食材，成本远低于外出就餐。

2. 营养控制：可以根据家庭成员的需要，调整食物的种类和比例。

3. 食品安全：自己烹饪，可以确保食材的新鲜和清洁。

4. 亲子互动：与孩子一起做饭，可以增进亲子关系，同时教育孩子健康饮食的重要性。

多在家里做饭是一种健康、经济且充满乐趣的生活方式。通过自己动手，我们不仅能够控制食物的质量和营养，还能够享受与家人一起烹饪的美好时光。为孩子准备饭菜时，注重食物的色香味形，让健康饮食成为一种享受。同时，不要忽视配菜的作用，它们能够让简单的菜肴变得更加丰富多彩。通过这些方法，我们可以让家庭烹饪变得更加健康、美味和有趣。

● 智慧育儿，书房胜过学区房

在都市的喧嚣中，学区房的光环往往让无数家庭趋之若鹜，尤其是在教育资源尤为集中的地方。早在2016年，北京西城区的文昌胡同深处，一间仅有11.4平方米的小屋，竟能以530万元的天价成交，每平方米高达46万元的价格，仅仅因为它是通往名校的"钥匙"——北京著名小学之一实验二小的学区房。中关村三小周边的学区房,更是动辄数千万元,让人瞠目结舌。虽然近年来国家出台了一系列政策来抑制学区房的过热现象,例如限制学区房的交易,推行多校划片,实施就近入学政策,等等,但学区房依然受到许多家庭的青睐。这主要是因为优质教育资源的稀缺性和家长对孩子教育的重视。

为了能让孩子踏入名校的大门,许多父母不惜一切代价,他们做出了令人唏嘘的抉择。原本居住在市郊,享受着宽敞明亮的三室两厅,生活悠然自得,但为了学区房,这一切都成了过眼云烟。他们毅然决然地放弃了舒适的居住环境,转身投入重点小学周边那狭小、破旧的房屋中。这样的牺牲,不仅仅是对物质生活的放弃,更是对家庭生活质量的一次重大挑战。

为了筹集学区房的高昂费用,父母们四处奔波,向亲朋好友借贷,甚至不惜背上沉重的债务。他们的生活因此变得更加拮据,每一笔开销都需要精打细算,生怕稍有不慎就会陷入更深的困境。然而,即便是在这样的压力下,他们依然咬牙坚持,只为了给孩子一个更好的教育起点。

除了经济上的巨大压力,学区房还给父母们带来了时间上的沉重负担。为了缩短孩子上下学的通勤时间,他们不得不选择居住在离学校更近的地方,这往往意味着他们需要花费更多的时间在路途上。每天清晨,当第一缕阳光还未完全洒满大地时,父母们便已踏上了前往单位的征途;而夜幕降临,当万家灯火逐渐熄灭时,他们才拖着疲惫的身躯回到家中。更有甚者,为了全心全意地照顾孩子的学习和生活,有些妈妈不得不放弃自己的工作,成为全职的家庭主妇。这样的牺牲，无疑是对个人事业和梦想的巨大打击。

然而，即便如此，学区房真的能带来预期的回报吗？答案或许并不那么绝对。曾有一位母亲，将孩子学习成绩不佳归咎于学校质量，不惜重金购入重点学区房，却遗憾地发现，即便是名校的光环，也未能让孩子的成绩有所起色。这不禁让人深思：教育的成败并非完全取决于学校的名气和硬件设施，更重要的是孩子自身的努力和家庭的教育环境。一个温馨、和谐、充满爱的家庭环境，往往比任何学区房都能培养出更加优秀的孩子。

诚然，优质的学区能为孩子提供更多学习的机会，但它绝非决定孩子命运的唯一因素。对于无法负担学区房的家庭而言，不必过分自责，因为有一种更为深远且经济的方式——打造一个专属的书房，为孩子的心灵插上翅膀。

"最好的老师是家长，最好的学校是家庭，最好的学区房是书房。"这句话，道出了教育的真谛。与其盲目追求学区房，不如用心打造一个充满书香的家庭环境。书房，不仅是知识的海洋，更是孩子心灵成长的摇篮。

>>> 打造梦想中的读书角

客厅变书房：现在已经有越来越多的人减少了对电视的依赖，但如果家中有老人，电视又不可或缺。如果是这样，我们可以弱化电视功能，比如打造一个书柜电视墙，将电视放在一个封闭空间中而不是裸露在外，使其与周边浑然一体。平时可以将电视隐藏起来，孩子在家时，不要轻易打开电视。

如果客厅比较小，又是小两口或三口之家，可以舍弃大体量沙发，用小沙发、小边几省出来的空间规划一个"开放式"小书房。

矮书柜隔断：餐厅和客厅之间放置一个矮柜，它也可以当作书柜使用。

窗边变书房：如果对华而不实的"飘窗"感到厌倦，可以将其改造成窗边书桌。

阳台变书房：阳台除了晾衣服，还能挖掘出读书角的功能。比如定制个隔板架，低成本打造阳台书桌。窗帘一拉，阳台瞬间就能变成小小的读书角。

柜边变书房：主卧室内如果定制柜做得太满，会给人一种压抑之感，可以在窗边留下一部分，做个小书桌，不读书的时候放点装饰物，也是不错的选择。

餐厅变书房：餐厅一般位于家的中部，安静整洁，充当临时书房再合适不过。在餐桌柜子里摆放书籍，或者制作一套转角隔板架，这样餐桌就是现成的读书桌，不就餐时在这里看书，也是一种享受。

>>>DIY儿童读书架：创意满满的小天地

想象一下，家里那些即将被遗忘的废旧物品，经过一番巧手改造，竟能变成孩子们爱不释手的读书架！让我们一起动手，用这些简单又有趣的方法，为孩子的房间增添一抹独特的书香气息吧！

布艺书架：温馨又环保

翻箱倒柜找出的旧窗帘、床单或是孩子不再穿的可爱衣服，别急着扔掉！它们可是制作布艺书架的好材料。首先，挑选几块颜色鲜艳、图案有趣的布料，然后测量好所需长度，用剪刀小心翼翼地裁剪。接下来，就是神奇的一步——将几根细长的铁质圆棍（就像魔法棒一样）巧妙地穿插在布料之中，两端固定在墙上。不一会儿，一个既温馨又环保的布艺书架就诞生了！孩子们可以把自己心爱的绘本、故事书整齐地摆放在上面，每次翻阅都像是翻开了一个个温暖的记忆。

调味品架大变身：小巧而实用

厨房里那个不起眼的调味品架，也有它的新使命哦！轻轻一提，将它拿到孩子的房间。用几颗小钉子，轻轻松松地把它固定在墙上，一个简约而不失个性的小书架就完成了。别看它体积小，容量却不小！孩子的漫画书、科普读物都能一一收纳其中，既节省了空间，又方便孩子随时取阅。

百叶窗的奇幻之旅：酷感十足

家里那个略显陈旧的百叶窗，是不是正躺在某个角落等待重获新生？把它横过来，固定在房间的空白墙面上，一个充满创意的百叶窗书架就诞生了！阳光透过百叶窗的缝隙，洒在书页上，营造出一种别样的阅读氛围。孩子们在这样的书架前阅读，仿佛置身于一个充满奇幻色彩的世界。

壁画与书架的完美融合：梦幻树屋

想要给孩子打造一个梦幻般的阅读角落？那就试试壁画与书架的结合吧！在孩子的书房里，画上一棵枝繁叶茂的大树，把树干部分巧妙地设计成书架的形状。再挂上几个小巧的吊袋，里面可以装着孩子最爱的玩偶或是小饰品。这样一来，孩子的书房就变成了一个充满童趣的树屋，每一次阅读都像是在进行一场奇妙的探险。

抽屉柜的巧妙变身：空间魔术师

如果孩子的房间空间有限，墙面也不够宽敞，别急！我们可以利用抽屉柜来变魔术。在抽屉柜的两头，巧妙地安装上书架隔板，一个集储物与展示功能于一体的多功能书架就诞生了。这样一来，不仅解决了空间问题，还让孩子的书籍和玩具有了更多的展示空间。

>>> 营造阅读的氛围，从自我做起

在孩子的成长道路上，父母不仅是引路人，更是他们心中最闪亮的灯塔。我们的一言一行，都如细雨润物无声般滋养着孩子的心田。而当我们自己沉浸在书海中，那份对知识的渴望、对智慧的追求，便如同磁石一样，自然而然地吸引着孩子靠近，让他们对阅读产生浓厚的兴趣。

想象一下，当夜幕降临，万籁俱寂之时，一家人围坐在温馨的灯光下，手中各自捧着一本心爱的书籍，沉浸在各自的世界里。爸爸或许在探索宇宙的奥秘，妈妈则在品味历史的深邃，而孩子，或许正被一本有趣的童话书逗得咯咯直笑。这样的场景，无疑是最美好的亲子时光之一。

然而，在这个快节奏、高压力的时代，手机、电脑等电子产品似乎成了我们生活中不可或缺的一部分。但请记住，当我们频繁地滑动屏幕、点击鼠标时，也在无形中错失了与孩子共读的美好时光。因此，让我们共同做出一个决定：放下手中的电子设备，拿起一本好书，与孩子一同踏上这场通往智慧与梦想的阅读之旅。

当我们用实际行动向孩子展示阅读的乐趣时,他们便会在耳濡目染中感受书籍的魅力。慢慢地,他们会发现,阅读不仅仅是获取知识的一种方式,更是一种享受、一种放松、一座与世界对话的桥梁。他们会明白,通过阅读,可以打开一扇扇通往未知世界的大门,让心灵得到滋养,让梦想得以飞翔。

最终我们会懂得,学区房或许能带来一时的便利,但书房却能给予孩子一生的财富。在这里,他们学会了思考、探索与创造,更重要的是,他们学会了如何以书为伴,享受阅读带来的无尽乐趣。智慧育儿,从打造一个温馨且充满书香的书房开始。

● 和睦友爱的家比住什么样的房子更重要

在现代社会,随着家庭结构的变化和物质条件的提升,不少家庭开始将目光投向更大的居住空间,尤其是随着二孩政策的放开,换大房子的念头在不少父母心中生根发芽。然而,我们是否真正思考过,对孩子而言,家的真正意义是什么?是宽敞的卧室、豪华的装修,还是那份无可替代的亲情与温暖?

孩子们对居住环境的奢华程度并不像成人那般敏感。在他们眼中,家是一个可以尽情奔跑、欢笑,与父母共度时光的地方。那些昂贵的玩具和精致的装修,虽然能带来短暂的视觉享受,但远远比不上父母的陪伴。在孩子的世界里,最珍贵的记忆往往来自与家人的互动,而非物质的堆砌。

那么,为什么我们还要执着于追求更大的房子呢?或许,这背后更多的是我们对自身生活质量的追求,以及对孩子未来成长的期望。但我们必须认识到，一个和睦友爱的家庭氛围，远比任何物质条件都更能促进孩子的健康成长。

苏联著名教育家苏霍姆林斯基认为："家庭氛围既是进行家庭教育的前提条件，也是一种积极有效的教育方式。"如果说孩子是一粒种子，那么家庭就是土壤，家庭氛围便是空气和水。家庭氛围属于家庭的精神环境，它往往是无形的，却对孩子的一生起着至关重要的作用。

和谐温暖的家庭环境能让孩子感到舒适和亲切，父母之间的爱也会促进孩子的身心得到健康的发展。反之，如果家庭不和睦，父母不是吵架就是冷战，孩子内心就会充满恐惧，没有安全感。长此以往，孩子会变得感情冷漠、郁郁寡欢、爱发脾气、对他人缺乏信任，甚至自卑焦虑。那么，我们该如何在孩子童年时期，为孩子营造一个适宜的家庭氛围呢？

>>> **避免在孩子面前争吵**

家庭和睦的基石在于父母之间的良好关系。一个经常争吵的家庭，不仅会让父母身心疲惫，更会对孩子的心理健康造成严重影响。孩子们虽小，但他们的感知能力却异常敏锐。他们能从父母的言行举止中捕捉到微妙的情绪变化，进而影响到自身的情感发展。

因此，作为父母，我们应该尽量避免在孩子面前争吵。如果确实存在分歧，可以选择在孩子不在场的时候进行沟通解决。即使不小心在孩子面前发生了争执，也要在事后及时安抚孩子的情绪，向他们解释清楚事情的缘由，并强调父母之间的爱并未因此减少。

>>> 用实际行动展现爱意

爱，不仅仅是一种感觉，更是一种行动。在家庭中，父母之间的恩爱行为是孩子学习如何去爱的最佳榜样。因此，我们应该在日常生活中多一些亲密的互动和表达。比如，在进门时给对方一个拥抱、在餐桌上分享彼此的日常、在睡前互道晚安等。这些看似微不足道的举动，却能在孩子心中播下爱的种子。

当然，在展现爱意的同时，我们也要注意适度。过度的亲密行为可能会让孩子感到不适或尴尬，甚至对他们的性别认知和社交能力产生影响。因此，我们需要依据孩子的年龄和性格特点来把握分寸。

>>> 共同参与家庭活动

家庭活动是促进家庭成员之间情感交流的重要方式。通过共同参与家庭活动，我们能够增进彼此的了解和信任，增强家庭的凝聚力和归属感。这些活动可以是简单的家庭聚餐、户外郊游、亲子游戏等。在参与活动的过程中，我们能够分享彼此的快乐和烦恼，共同面对生活中的挑战和困难。

对于孩子而言，参与家庭活动不仅能够让他们感受到家庭的温暖和关爱，还能够培养他们的团队协作能力和社交技能。同时，这些活动也是他们了解社会、认识世界的重要途径之一。

>>> 建立有效的沟通机制

良好的沟通是家庭和睦的关键。在家庭中，我们应该营造一种开放、包容、尊重的沟通氛围。无论是父母之间还是父母与孩子之间，都应保持坦诚和信任的态度进行交流。当出现问题或分歧时，我们要耐心倾听对方的意见和想法，尊重彼此的差异和选择。

我们还需教会孩子如何表达自己的情感和需求。在孩子成长的过程中,他们可能会遇到各种困惑和挫折。作为父母,我们应给予他们足够的关注和支持,鼓励他们勇敢地表达自己的情感和需求。与此同时,我们也要教导他们如何倾听他人的意见和想法,培养他们的同理心和社交能力。

>>> 关注孩子的心理健康

在追求物质条件的同时,我们更应关注孩子的心理健康。一个和睦友爱的家庭氛围能够给孩子带来安全感和幸福感,有助于他们形成积极的性格和健康的心理。然而,在现实生活中,由于各种因素的影响,孩子们可能会面临各种心理问题。作为父母,我们应该时刻保持警觉和关注,及时发现并帮助孩子解决这些问题。

具体来说,我们可以通过观察孩子的情绪变化、行为表现等方面来判断他们的心理状况。如果孩子出现情绪低落、焦虑不安、行为异常等情况时,我们应该及时与他们进行沟通,了解缘由,并采取相应的措施进行干预和引导。同时,我们还可以通过阅读相关书籍、参加家长培训等方式来提升自己的教育水平和心理素质,为孩子营造更好的成长环境。

总之,和睦友爱的家庭远比居住的房子重要。一个充满爱的家庭能够给孩子带来无尽的安全感和幸福感,促进他们的健康成长和全面发展。因此,作为父母我们应该时刻关注家庭氛围的营造和维护,通过实际行动来展现爱意和关怀,为孩子营造一个温馨和谐的家庭环境。

● 玩具，益智不必贵，适合才是关键

当父母踏入一些专门售卖益智类玩具的店铺时，仿佛置身于一个充满奇迹与可能性的世界。这里的玩具，价格跨度极大，从亲民的几十元到令人咋舌的上千元，每一款都似乎在诉说着其独特的教育价值和魅力。它们被精心地摆放在货架上，身上贴着诸如"全方位促进脑部发育，精心培养动手能力、识别能力及逻辑推理能力"等诱人的广告宣传语，吸引着每一位家长和孩子的目光。

这些昂贵的玩具在市场中占据了一席之地，它们之所以如此受欢迎，很大程度上是因为家长们坚信，这些玩具能够成为孩子智力成长的助推器，让孩子在玩耍中变得更加聪明。这种信念，如同一种无形的力量，推动着家长们不断为孩子的未来投资，即便这意味着要承担一笔不小的经济支出。

然而，当我们冷静下来，仔细审视这些所谓的"益智玩具"时，不禁要问：它们真的如宣传中所说的那样神奇吗？美国儿科学会的一篇名为《揭秘聪明宝贝的成长奥秘》的文章，为我们揭示了这一话题的另一面。文章指出，作为父母，我们总是希望给予孩子最好的一切，包括健康、快乐和智慧。但在这个过程中，我们很容易被各种营销手段所影响，错误地认为高价就等于高质量，就等同于能够培养孩子的智力。

事实上，高档玩具并不一定就是益智的代名词。有些玩具虽然外观精美、功能复杂，但玩法却相对单一，无法激发孩子的创造力和想象力。例如那些模拟厨房、模拟超市的玩具，虽然能够

让孩子在一定程度上了解生活中的一些常识,但由于缺乏互动性和真实感,很难让孩子长时间保持兴趣。而那些按钮齐全、看似高科技的高档玩具,可能会让孩子沉溺于简单的操作之中,而忽略了思考和探索的过程。

因此,在选择玩具时,我们应该更加注重玩具的教育价值和实用性,而不是仅仅被其价格或外观所吸引。一个真正好的益智玩具,应该能够激发孩子的好奇心和求知欲,让他们在玩耍中不断学习、成长和进步。只有这样,我们才能真正实现让孩子在快乐中变得聪明的目标。

那么,什么样的玩具,才是真正的益智玩具呢?

>>> **简单的玩具**

那些看似朴素无华的简单玩具,往往蕴藏着无限的可能与乐趣,它们如同魔法般激发着孩子们无尽的想象力与创造力。七巧板与魔方,这些经典玩具,其简单的构造背后,却隐藏着千变万化的组合方式,让每一个孩子都能成为自己故事中的魔术师,不断探索、尝试,直至创造出独一无二的图案与形状。

生活中随手可得的物品,如杯子、小桶、塑料盒乃至易拉罐,在孩子们的手中也能化腐朽为神奇,成为构建梦想世界的宝贵材料。它们无须华丽的包装,也无须昂贵的价格,却能激发孩子们最纯粹的乐趣与创造力,让他们在动手实践中学习、成长,同时也传递了环保与节约的理念。

而像拼图、积木、橡皮泥、太空沙这类价格亲民的玩具,更是孩子们想象力与创造力的最佳伙伴。它们允许孩子们根据自己的想法自由创作,无论是搭建城堡、塑造动物,还是描绘心中的梦想世界，都能借助这些简单的玩具得以实现。在这个过程中，孩子们不仅锻炼了动手能力，还培养了耐心、专注力与解决问题的能力，更重要的是，他们的脑力与心智也在不断地得到开发与提升。

>>> 泥土、沙子就是很好的玩具

泥土与沙子，这些源自自然最质朴的元素，实为儿童成长历程中不可多得的宝贵玩具。正如著名作家孙瑞雪在其著作《捕捉儿童敏感期》中所深刻阐述的："沙子和水，作为大自然赋予孩子的最纯粹的礼物，其独特魅力远非任何人工玩具所能企及。"

孩子们对土与沙的热爱，源自他们与生俱来的天性。然而，不少家长因担忧孩子弄脏身体而限制其接触，殊不知，这恰恰剥夺了孩子亲近自然、探索世界的宝贵机会。实际上，让孩子在沙土中嬉戏，不仅能让他们的手指得到充分的锻炼，更是一次难得的成长体验。

沙土游戏对孩子手指的益处尤为显著。孩子的手指尖密布着丰富的神经细胞，这些细胞在触摸、抓握沙土的过程中不断受到刺激与激活，进而促进了手部精细动作的发展。这种物理性的互动，不仅增强了手指的灵活性和力量，更为孩子日后书写、绘画等技能的学习奠定了坚实的基础。

更为重要的是，沙土游戏还对孩子的身体协调能力有着显著的促进作用。孩子在挖掘、堆砌沙土的过程中，需要不断地调整身体的姿势和力度，这有助于他们发展大小肌肉的协调性及手眼协调能力。这种协调性的提升，不仅让孩子在玩耍中更加自如，更为他们日后的体育运动、日常生活乃至学习工作带来了积极的

影响。

因此，我们应当鼓励孩子多接触自然，让他们在沙土的世界中自由探索、尽情玩耍。这不仅是对孩子天性的尊重与呵护，更是对他们身心健康成长的有力支持。

>>> 生活用品就是极好的益智玩具

生活中的日常用品，往往能成为孩子们眼中最为迷人的"益智玩具"。这些看似平凡无奇的物件，却以其独特的材质、形状和用途，深深吸引着孩子们的好奇心和探索欲。厨房里的锅碗瓢盆，药箱中的药瓶与药丸，针线盒内的线卷、扣子和细针……每一样都可以成为孩子们探索世界的钥匙。

在保证安全的前提下，让孩子接触并玩耍这些生活用品，无疑是一种极为有效的教育方式。这些物品不仅种类繁多、形态各异，能够给予孩子丰富的感官刺激，促进他们在触觉、视觉、味觉、嗅觉、听觉等多方面的发育，更能让孩子们在玩耍中感受生活的真实与多彩。

更重要的是，生活用品作为"玩具"，往往能拉近亲子间的距离。当孩子们发现这些平时父母用来做饭、缝补衣物的工具也能成为游戏的伙伴时，他们会感到无比的兴奋和亲近。这种共同参与的乐趣，不仅加深了孩子对家庭生活的理解和认同，也让他们在游戏中学会了合作与分享。

>>> 和孩子一起动手做玩具

与孩子一起动手制作玩具确实是一种极其宝贵且富有教育意义的亲子活动。这样的经历不仅能够激发孩子的创造力、想象力和动手能力，还能在共同完成任务的过程中加深亲子之间的情感联系。为了确保这次活动既愉快又富有成效，以下是一些建议：

1. 选择合适的项目：根据孩子的年龄和兴趣选择合适的制作项目。对年幼的孩子，可以从简单的项目开始，如涂色、粘贴、拼接积木等；随着孩子年龄的增长，可以尝试更复杂的项目，如制作纸板城堡、编织小物、组装简易机器人等。

2. 准备充分的材料：提前准备好所有需要的材料，并确保它们安全无害。这包括无毒的颜料、剪刀（最好是有安全设计的儿童剪刀）、胶水、纸张、布料或其他适合孩子年龄的材料。

3. 耐心引导：在制作过程中，保持耐心至关重要。当孩子遇到困难或做得不如预期时，给予鼓励和支持，而不是批评或表现出失望。通过提问和提示的方式引导孩子自己解决问题，比如："你觉得这个部分应该怎么做呢？"或者"我们可以试试这个方法，看看效果如何。"

4. 鼓励自主探索：尽量让孩子在制作过程中发挥主动性，鼓励他们尝试自己的想法和方法。即使结果并不完美，也要肯定他们的努力和创意。

5. 共同庆祝成果：当玩具制作完成后，与孩子一起庆祝这个成果。可以拍照留念，或者让孩子向家人展示并分享制作过程中的趣事。这样的庆祝会让孩子感受到自己的成就和价值。

6. 反思与改进：在活动结束后，可以和孩子一起回顾整个制作过程，讨论哪些部分做得好，哪些部分可以改进。这样的反思不仅有助于孩子从中学习，还能为下一次的亲子制作活动积累经验。

记住，与孩子一起动手制作玩具的目的是享受亲子时光、促进孩子的成长和发展，而不是追求完美的作品。因此，在整个过程中保持轻松愉快的氛围，让爱与创意在指尖流淌吧！

>>> 最好的玩具，永远是父母的陪伴

每天，爸爸妈妈都像勤劳的蜜蜂一样，早出晚归地工作，努力赚钱。他们想给孩子报最好的兴趣班，买最酷的玩具，希望孩子能拥有最好的一切。但是，这样一来，爸爸妈妈和孩子待在一起的时间就变得很少很少。

我们知道，养孩子确实需要花钱，但有时候，少报一个兴趣班，少买一个昂贵的玩具，并不会对孩子产生太大的影响。可是，如果爸爸妈妈从来没有放下手机，没有和孩子一起开心地玩耍，没有成为孩子的"大朋友"，那才是孩子心里真正的遗憾呢！

想象一下，当爸爸妈妈变成会说话的"机器人"，和孩子一起做出各种搞怪的表情和动作；或者趴在地上，让孩子骑在背上，假装是一匹小马，一起学青蛙跳、兔子蹦……这样的时光，对孩子来说，比任何玩具都要来得开心和珍贵。这些亲密无间的时刻，会像温暖的阳光一样，照亮孩子的心灵，陪伴他们健康快乐地成长。

有专家说，我们总以为要给孩子买很多特别的玩具、听特别的音乐、玩特别的游戏，才能让他们变得更聪明。但其实，最重要的是爸爸妈妈每天都要花时间和孩子一起玩耍，这样才能让他们的大脑更灵活、更聪明。

心理学家也告诉我们，对于 0 到 3 岁的小宝宝来说，最好的

"玩具"其实是人,特别是那些能陪他们一起玩、一起笑的人。因为玩具只是暂时的玩伴,但人的陪伴和关爱却是长久的。如果没有人陪孩子玩耍,再好玩的玩具也会很快失去吸引力。

所以,不管爸爸妈妈有多忙,都要记得多陪陪孩子。和他们一起疯、一起笑、一起探索这个世界。因为,对孩子来说,最好的玩具,永远是爸爸妈妈的陪伴和关爱。而这份爱,是无价的,也是孩子一生中最宝贵的财富。

● 孩子衣着,简单舒适就好

在育儿路上,我们常常能听到这样的声音:孩子的鞋子动辄数百元,衣物更是价值不菲,甚至超过千元。诚然,每个家庭的经济状况不尽相同,但令人深思的是,即便在条件并非十分宽裕的情况下,不少父母依然倾尽所能,为孩子添置名牌衣物,仿佛这成了表达爱意的唯一方式。然而,孩子的穿着,真的需要如此奢华吗?答案或许比我们想象的简单许多——孩子衣着,简单舒适就好。

追溯根源,许多父母热衷于为孩子选购名牌衣物,背后往往藏着复杂的心理动因。一方面,是攀比之风的作祟,认为孩子穿上名牌便是面子的象征,能在同龄人中赢得羡慕的目光。另一方面,则是父母深沉的爱,他们总想把最好的留给孩子,哪怕自己节衣缩食也在所不惜。然而,这份爱若失去了度,便成了溺爱,非但不能助力孩子健康成长,反而可能扭曲其价值观。

有一位智慧的母亲,在商场偶遇心仪已久的童装折扣时,本欲为儿子添置，却被理智的丈夫劝阻："孩子的衣服更新换代快，何必如此奢侈？若真喜欢，不如给自己添置些衣物。"这番话，如同一股清流，让她猛然醒悟。从此，他们家的购衣原则发生了改变：孩子的衣物价格普遍低于大人的，通常控制在成人衣物价格的三分之一以内，不超过200元。这一改变，不仅减轻了家庭的经济负担，也让亲子关系更加和谐，因为爱，不再仅仅通过物质来体现。

那么，给孩子买衣服，该注意什么呢？

>>> **舒适为王，快乐成长**

每当步入童装店，五彩斑斓的衣物和琳琅满目的品牌仿佛在向我们招手，它们以华丽的款式和诱人的价格标签，轻易地捕获了我们的目光。然而，在这片绚烂之中，我们往往容易迷失方向，忘记了回归初心，去倾听孩子内心最纯粹的声音——他们对舒适的渴望。

孩子的每一天都充满了对未知世界的好奇与探索，他们像是小小的探险家，用稚嫩的双脚丈量着每一寸土地，用好奇的眼睛观察着周围的一切。在这个过程中，衣物不仅仅是遮体保暖的工具，更是他们自由奔跑、勇敢跳跃的助力。因此，当我们为孩子挑选衣物时，应当把"舒适"二字放在首位，让它成为引领我们选择的首要标准。

想象一下，当清晨的第一缕阳光洒在孩子的笑脸上，他们穿上那件质地柔软、如同云朵般轻盈的衣物，那一刻的幸福感仿佛能溢出屏幕，感染每一个旁观者。这样的衣物，不仅触感极佳，给予孩子肌肤最温柔的呵护，更在板型设计上追求极致的宽松与自由，让孩子在每一次举手投足间都能感受到无拘无束的畅快。

再来看那些便于运动的衣物设计，它们充分考虑到了孩子活泼好动的天性，无论是弹性十足的裤腰，还是灵活自如的袖口，都能让孩子在奔跑、跳跃、攀爬时毫无束缚，尽情释放天性中的活力与快乐。这样的衣物，不仅仅是一件简单的物品，更是孩子成长道路上的得力助手，陪伴他们勇敢地迈出每一步。

因此，当我们再次面对琳琅满目的童装选择时，不妨先静下心来，问问自己：这件衣物真的能让孩子感到舒适吗？它能否成为孩子探索世界的最佳伙伴？如果答案是肯定的，那么无论它是否拥有华丽的款式或昂贵的标签，都值得我们毫不犹豫地将其带回家中，因为它已经赢得了孩子最真挚的喜爱。

>>> 品质为先，拒绝盲目跟风

在当今物质丰富的社会中，面对琳琅满目的商品，我们常常在品牌与品质之间难以抉择。一些知名大品牌的确在设计和质量上有着卓越的表现，其品牌效应也往往让人们趋之若鹜。然而，它们的高价位往往给许多家庭带来压力，不菲的花费不免让人感到忧虑和犹豫。

在选择孩子的衣物时，我们应该将目光更多地聚焦于衣物的材质和舒适度，而非仅仅是品牌的影响力。孩子的皮肤娇嫩，需要更细心的呵护。因此，选择那些亲肤、透气，同时适合他们体质和年龄段的衣物尤为重要。纯棉衣物以其卓越的吸湿性和透气性，长期以来一直是家长们的首选。它们不仅质地柔软、舒适，还能在一定程度上保护孩子细腻的肌肤，避免不必要的刺激和不适。

此外，我们还可以考虑一些性价比高的国产品牌或一些不太知名但设计感十足的小众设计师品牌。这些品牌虽然不如大品牌那样声名显赫，但它们在材质选择和设计上往往有着独特的优势和创新，能够为我们提供更多的选择和惊喜。通过精心挑选，不仅能够满足孩子的日常穿着需求，还能让我们在预算内获得更高品质的体验。

总之，品质是选购衣物时的关键因素，盲目追求品牌并不符合理性消费的理念。我们应该更多地关注衣物的实用性和舒适度，选择那些真正适合孩子的衣物，让每一次的购物都成为一次智慧和品质的抉择。

>>> **二手衣的温暖与环保**

在当今社会，越来越多的家庭开始意识到环保和节约的重要性，尤其是在孩子的日常用品选择上。一位母亲分享了她的经验：在她女儿3岁之前，很少购买新衣服，大部分衣物都是从姐姐那里继承下来的，鞋子也不例外。除了哥哥的旧衣服，还有表哥表姐的旧衣物也会给她穿。孩子们成长的速度非常快，尤其是新生儿，几乎每天都在变化，许多新买的衣服没穿几次就变得不再合身。如果家里或者亲戚中有年长的孩子，他们穿过的衣物往往还比较新，选择这些二手衣不仅环保，还能节省不少开支。

儿科医生也总结了二手衣的诸多好处。首先，二手衣因为经过多次清洗，通常更加柔软，舒适度也相对较高，这对于孩子娇嫩的皮肤来说是一个很大的优势。其次，二手衣更为安全放心。即便是价格昂贵的新衣服，也可能含有一些化学物质。而旧衣服经过多次清洗和晾晒，这些化学物质大多已被去除，从而降低了安全隐患。

然而，给孩子穿二手衣时，家长们需要格外注意。首先要确保衣服的来源可靠，衣服的主人没有传染病等问题。避免给孩子穿来路不明的旧衣服，这是非常重要的。此外，即便是来源可靠的衣服，在给孩子穿之前，也需要经过严格的处理。建议的步骤包括：首先将衣物浸泡一段时间，然后用温和的洗涤剂进行清洗，最后进行充分的暴晒。这样可以有效去除衣物上可能残留的细菌和化学物质，确保孩子的健康和安全。

>>> **量力而行，爱在细微处**

在当今社会，物质的诱惑无处不在，尤其是在孩子的衣物选择上。然而，每个家庭的经济状况和承受能力都不尽相同。因此，当我们为孩子选购衣物时，量力而行是至关重要的。这不仅是一个理性消费的问题，更是一种负责任的生活态度。

家庭收入的高低直接影响到我们的消费选择。有的家庭可能经济条件较为宽裕，能够为孩子提供更多高品质的衣物；而有的家庭则需要更加谨慎和节俭。重要的是，我们要根据自己的实际经济情况，做出最合适的选择。不论是选择新衣还是二手衣，都应该以孩子的舒适和快乐为出发点。父母千万不要为了给孩子买大品牌的衣服和鞋子而省吃俭用。孩子长得快，真的没必要购买价格昂贵的衣服。父母对孩子的爱，不是用价格来衡量的，我们应该通过日常的点滴关怀和合理的消费选择，表达对孩子的爱与关怀。我们应该更多关注孩子的内心感受和实际需求，而不是被社会潮流所左右。

● 补习班，按需选择，不必攀比

自从成为父母，很多人深刻地感受到，每当家长们聚在一起，话题总是不可避免地转向孩子的教育问题，尤其是关于给孩子报名哪些课外辅导班。似乎在这个时代，讨论孩子的辅导班成了家长们的一种新潮流。

"你听说了吗？那个某某培训机构的外教教学质量真的很棒，我们家的孩子也在那里上课，要不我们一起报名吧？"这样的对话在家长群体中屡见不鲜。

"孩子马上要从幼儿园升小学了，幼小衔接班是必须要上的，不然怕孩子适应不了。咱们几家一起组个班怎么样？"家长们总是热衷于分享和推荐，希望自己的孩子能够在起跑线上不落后。

然而，课外辅导班的火爆程度以及随之而来的高昂费用，着实让人咋舌。就以一些一线城市为例：初三学生平均每天的补课费用高达 600 元，整个暑假 50 天的课程下来，便是一笔高达 3 万元的开销。而对于高二的学生来说，一个寒假的补习费用就能达到 2.2 万元。更不用说高三的学生，为了备战高考，家长们不惜托关系找重点高中的名师进行一对一辅导，每节课的费用高达 1500 元。

在这样一个大环境下，如果不让孩子上补习班，孩子很可能会在学校的学习中跟不上进度。因此，只要家长们稍有心动，只要孩子们没有表现出强烈的反感，那么成千上万的补习费用就这样轻易地从家庭的口袋流出。而且，成为父母后，你会惊讶地发现，周围总有一些比自己更"鸡血"的家长，他们对孩子的教育投入似乎永无上限。

有的父母不禁感慨:"活了这么大年纪,现在似乎只有孩子能够让我毫不犹豫地掏出钱包。为了孩子的未来,我们愿意付出一切。"这样的情感,或许每个为人父母者都能感同身受。

所以,无数家长都在纷纷抱怨,如今孩子的补习班费用高得惊人,将其比喻为碎钞机一点都不为过。但当我们冷静下来思考,这种看似无休止的金钱投入,真的不可或缺吗?我们真的别无选择吗?或者说,这些所谓的教育投资,最终真的能够带来预期的回报吗?让我们一起来理性地分析这个问题。

首先,我们必须明确,给孩子报名补习班,不应仅仅因为假期无人照看孩子,就选择将他们送进补习班以求省心。这种现象导致越来越多的孩子对假期失去了期待,对他们来说,无论是在补习班还是在学校,生活并无太大差别。周末和假期本应是孩子们放松身心、自主安排生活的时间,如果这些时间都被用来补习功课,甚至比在学校的学习节奏还紧张,那么这种过度的学习压力很可能会降低孩子们的学习兴趣,甚至引发厌学情绪。当孩子只是出于应付家长的心态去上补习班时,补课的效果自然大打折扣。

对于孩子们来说,玩耍是他们的天性,在游戏和娱乐中,他们认识世界、感知万物,获取知识并掌握技能。然而,玩耍不需要父母付出金钱,它需要的是时间。对于许多家长而言,相比于付出时间,他们更倾向于用金钱来解决问题。因为每当看到孩子们在自由玩耍,家长们就会感到焦虑,认为孩子是在浪费时间,只有看到孩子在学习,他们才能稍感安心。

太多的家长已经在补习班的重压之下喘不过气来。有的家长表示，为了给孩子暑假设法报班，他们甚至在暑假前2个月就开始压缩家庭开支，连自己的衣物都舍不得购置。试想，如果这样的付出最终没有得到相应的回报，家长们的心中是否会充满不满？这种不满又是否会转嫁到孩子身上？

投资股票时，我们绝不应该负债操作，同样，在孩子身上的投资也应该是力所能及的。这样，我们才能避免因为心态失衡，而导致亲子关系的疏远，甚至是破裂。在教育孩子的道路上，理性和适度是我们应当坚守的原则。

那么，如果确实需要上补习班，孩子也愿意去学，我们应该怎么选择呢？

>>> **按需选择补习班，关注孩子成长需求**

1. 分析孩子自身情况

每个孩子都有自己的兴趣和特长，家长在选择补习班时，首先要了解孩子的需求。比如，有的孩子英语较好并比较感兴趣，可以报英语班；有的孩子数学成绩较差，可以报数学辅导班。家长要尊重孩子的意愿，切勿盲目跟风。

2. 结合家庭实际情况

报补习班需要一定的经济投入，家长在选择时要考虑家庭经济状况。如果家庭条件有限，可以选择性价比较高的补习班，或者充分利用免费资源，如网络课程、公共图书馆等。

3. 注重孩子全面发展

家长在关注孩子学业的同时，也要关注孩子的身心健康和兴趣爱好。可以适当为孩子报名阅读、科学等兴趣班，让孩子在紧张的学习之余,实现全面发展。

>>> 树立正确育儿观,拒绝攀比心理

1. 亲子关系重于学习成绩

在很多家长眼中,孩子的学习成绩是衡量一切的标准。然而,亲子关系才是家庭教育的基石。家长应当关注孩子的内心世界,与孩子建立良好的沟通,让孩子在关爱中成长。

2. 信任孩子,给予适当引导

家长要相信孩子的能力,给予他们足够的信任和支持。在孩子遇到困难时,家长要适时引导,帮助他们解决问题,而不是一味地批评和指责。

3. 以身作则,树立榜样

家长是孩子的第一任老师,家长的行为举止对孩子有着深远的影响。要想让孩子远离攀比,家长首先要做到不攀比,以身作则,为孩子树立一个良好的榜样。

补习班,按需选择,不必攀比。家长们在育儿过程中,要关注孩子的成长需求,树立正确的育儿观,让孩子在健康、快乐的环境中成长。只有这样,我们才能培养出真正优秀的孩子,让他们在未来的道路上越走越远。

第五章

接纳与理解
——如何更好地爱孩子

● 不苛求孩子成为那凤毛麟角的 1%

在这个充满竞争与比较的时代,我们身边的许多家长都怀揣着一个共同的梦想:让自己的孩子成为那凤毛麟角的 1%。他们为孩子规划了一条看似光鲜亮丽的人生道路,从早教班到奥数班,从钢琴课到芭蕾舞课,无一不是期望孩子在众多同龄人中脱颖而出。然而,我们想在这里轻轻地说一声:放过孩子吧,不苛求他们成为那 1%,其实是一种更加明智的选择。

首先,我们要明白,每个人的天赋和兴趣都是不同的。就像大自然中有各种各样的花朵,有的艳丽,有的清新,有的高大,有的矮小。如果我们非要把仙人掌培养成玫瑰,不仅辛苦了自己,也委屈了仙人掌。孩子也是如此,他们有自己的特点和优势,为何非要逼他们成为那1%呢?

其次,成为那1%真的那么重要吗?我们都知道,社会是多元化的,需要各种各样的人才。一个幸福的家庭,一个和谐的社会,并非只有那1%的顶尖人才才能缔造。相反,那些身心健康、热爱生活、拥有良好品德的人,才是社会的基石。我们的孩子,只要能找到自己的定位,发挥自己的价值,就能为社会做出贡献。

再者,追求那1%的过程,往往伴随着巨大的压力。孩子们本应无忧无虑的童年,被各种补习班、竞赛充斥。长期处于高压之下,孩子们的身心健康受到影响,甚至可能导致亲子关系紧张。这样的代价,真的值得吗?

最后,让我们来看看那些"非1%"的孩子。他们或许没有耀眼的光环,但他们过得快乐、充实。他们在自己的小天地里,找到了属于自己的乐趣和价值。这样的孩子,难道不是我们更希望看到的吗?

现代著名诗人柳亚子曾深情赞誉:"在近代,对儿童教育影响最为深远的人物,我第一个要推崇的便是鲁迅先生。"

在周海婴所著的《鲁迅与我七十年》一书中,他提到了许多人对他的家庭教育的好奇。他们常常问及他的父亲鲁迅是否像《三味书屋》中的寿镜吾老师那样,会在家中给他额外的辅导,严格监督他的学习,或是关心他的成绩。他们还想知道,鲁迅是否会教他书法、乐器,或者在他自己的写作之余,给他讲述童话故事、吟咏唐诗宋词等。然而,周海婴的回答却是让人感到有些出乎意料。他说,自己的父亲鲁迅对他的教育方式,正如母亲在

《鲁迅先生与海婴》一文中所述:"我们采取的是顺其自然的教育方法,尽量不去打击他,甚至不愿意违逆他的喜好,除非是到了无法忍受、极其不合理的情况。"

鲁迅在文章《死》中,给儿子留下了那句著名的遗言,表达了他对儿子未来的期望:"孩子长大了,如果没有特别的才能,那就找一份普通的工作,安稳地生活,绝对不要去做一个没有真才实学的文学家或者美术家。"这句话深刻地体现了鲁迅对儿子的教育态度——不强加于人,不追求虚荣,而是让孩子按照自己的天性去成长,去探索自己的道路。这种教育理念,即使在今天,也依然具有深刻的启示意义。

有人会对"顺其自然"的教育理念提出疑问。在这个竞争激烈、复杂多变的社会中,是否真的可以让孩子完全顺其自然地成长?这里所说的"顺其自然",并非放任自流,让孩子无目的地生长,而是指尊重孩子的天性,不过分强求他们成为那顶尖的1%。

全国范围内,能够进入清华、北大等顶尖学府的学生毕竟是少数,能够被美国常春藤盟校录取的更是寥寥无几。家长们不妨扪心自问,凭什么认为自己的孩子就会是那幸运的极少数?

中国父母往往最难接受,也最不愿意承认的一个现实是,我们的孩子有很大可能只是一个平凡、普通的人。我们总是对孩子抱有无限的期望,不惜一切代价甚至创造条件,希望将孩子培养成社会普遍认可的成功人士,最好是备受万人敬仰的"大人物"。

杨澜曾说:"我并不希望自己的孩子成为一个神童,也不要求他在哪个方面必须取得突出的成就,我只希望他能成为一个快乐

第五章 接纳与理解——如何更好地爱孩子 111

的人，也能为别人带去快乐。"

清华大学的教授刘瑜做了一个主题是《不确定的时代，教育的价值》的演讲，其内容刷爆了朋友圈。她讲到了现代养育孩子的焦虑、抑郁和空心病。在这个父母压力巨大的时代，她的教育观可能会有一些道理和启发性。

>>> 放弃"成功"未必是坏事

成为父母之后，很多人会将孩子的成就视为自己生活的新目标，无论自己是否已经取得了社会意义上的成功。家长们常常以孩子的成就为荣，比如"我的女儿在某大型企业担任高管"或"我的儿子年薪高达200万元"，这些成就似乎比家长自身的成功更能引起他们的自豪感和炫耀心理。

然而，刘瑜教授在她的论述中试图阐明，一个人如果选择"放弃成功"，这并不一定是件坏事。世俗眼中的成功，如高薪、高职、名气等，并不等同于生活的幸福。真正的幸福，更多地取决于一个人是否拥有"成功人格"。所谓"成功人格"，并不是指一定要取得多么显赫的成就，而是指一个人能够在最大程度上发掘自己的潜能，实现"自我实现"的价值。这一点，正是心理学家马斯洛需求层次理论中所提到的最高层次的需求——自我实现需求。

放弃对"成功"的追求，并不意味着对孩子放任自流或放弃对他们的要求。相反，这是一种更深层次的理解和教育，它鼓励孩子去认识自己，接纳自己的优点和不足，找到适合自己的发展道路。这种教育理念强调的是孩子的内在成长和个人价值的实现，而不是外在的成就和别人的评价。

在这个过程中，孩子们学会依据自己的兴趣和特长来规划人生，而不是被社会的期望和他人的标准所束缚。这样的教育，有助于孩子们建立起独立的人格和自信，让他们在面对未来的挑战时，能够更加从容和坚定。因此，放弃"成功"的定义，实际上是对孩子的一种更加全面和深刻的关爱。

>>> 另辟蹊径避开恶性竞争

在孩子的教育选择上，刘瑜教授有着自己独到的见解。她的爱人曾提议送孩子去学习钢琴，但刘瑜教授坚决反对。她的理由是，在北京，学习钢琴的孩子可能超过300万人，仅在自己居住的楼宇中，就有四五家孩子在学钢琴。在这种激烈的竞争环境中，要想让孩子在钢琴上达到顶尖水平，几乎是一项不可能完成的任务。她认为，与其让孩子在这样的红海中挣扎，不如引导他们去学习那些少有人问津的领域，比如古希腊罗马史。

刘瑜教授质疑，为什么非得让孩子和成千上万的人一起去挤那座狭窄的独木桥呢？盲目的恶性竞争不仅会令家长陷入无尽的焦虑，更可能会对孩子的心理健康造成严重影响。据调查，每五位中学生中就有一位曾考虑过自杀，这一数据令人触目惊心。

她以日本的"收纳咨询师"为例，说明了职业选择的多样性。在日本的职业领域中，甚至连家庭收纳都能成为一个专业的工作，甚至是事业。这告诉我们，世界是多元的，职业选择也是如此。我们的孩子可能不是传统意义上的天才，但只要他们能在自己喜爱的领域里找到乐趣，活得自在满足，那就是他们个人的成功。

刘瑜教授的观点提醒我们，作为家长，我们应该鼓励孩子去探索自己的兴趣和潜力,而不是强迫他们加入一场可能对他们毫无益处的竞争。我们应该帮助孩子找到自己的小天地,让他们在自己的节奏中成长,这样的教育才能真正促进孩子的全面发展和幸福感的提升。

● 不苛求自己,孩子不需要完美父母

有些父母一心想要成为孩子的榜样,他们每天的生活就如同在冰面上行走,小心翼翼,生怕自己一不小心,就拖了孩子的后腿。他们总是担忧自己的行为会影响到孩子,于是不断地优化提升自己,用尽全力去做到最好。

他们努力学习新知识,提升自己的技能,希望能在孩子面前展现出一个完美的形象。他们努力工作,认真生活,希望能给孩子提供一个更好的成长环境。然而,即使他们已经付出了很多,内心却依然充满了愧疚感,觉得自己做得还不够好。

他们总是担心自己做得不够好,担心自己不能给孩子提供一个更好的未来。这种愧疚感如同大山一样压在他们心头,让他们喘不过气来。他们害怕自己会让孩子失望,害怕自己会成为孩子的负担。

自从女儿出生后,周雯就像变了个人。她整日研究育儿书,照着书精确地计算女儿的喂养步骤。一顿吃少了,晚上睡觉醒的次数多了,大便的颜色异常了……稍微和书上有不一致的,她就焦虑得上火。

女儿慢慢大一点,她担心买的辅食不健康,就自己亲力亲为

研究各种营养搭配，照着食谱一步一步做。经常是孩子睡了，她也不休息片刻，就去厨房捣鼓。以前连饭都不会做的她，不仅学习了各种菜式，还开始学习烘焙。

女儿到了入园阶段，她又一头扎进各种妈妈群，学习选择幼儿园的标准，什么时候上什么课外班，以及如何避免孩子在幼儿园受到伤害，如何降低孩子的分离焦虑，等等。

有了女儿之后，家里开销渐长，看别人工作带娃两不误，她也琢磨着做起微商，在朋友圈卖面膜、口红。她同样要求自己即便是带娃，也不能放弃学习。为了给女儿做个努力向上的榜样，她报了很多网课来提升自己，一边陪娃一边上课。

表面上，她是一个全能型妈妈，不仅娃带得好，自己的生活也很精致。但其实，她内心早已疲惫不堪，缺觉、缺理解、缺钱，但日子还得继续，她绝不能在孩子面前暴露自己的不完美，只好硬撑着。

为了孩子，我们不断要求自己努力做到更好，甚至不惜苛责自己。但忽略了一点，那就是，孩子并不需要完美的父母。

>>> **孩子不需要完美的父母**

丘吉尔说："完美主义让人瘫痪。"你也是第一次当爸爸妈妈，你已经非常非常努力了。不要再责备自己了，这个世界上根本不存在完美的父母，你得放下这样的执念。

心理学家认为：一个人构建的外部人际关系，同时也是他内在关系模式的展现。根据这个道理，当一个人对自己太挑剔，也就更容易挑剔别人。他们内心想的是：我有资格指责你！但他们会在内心里把这种行为美化为以身作则，给孩子做榜样，而不认为是对孩子的苛责。

另外,当孩子出现问题,一部分追求完美的父母会自责,把责任都揽在自己头上。还有一部分父母会推脱责任,认为自己已经尽力了,自己不需要负任何责任。这是两种极端,都不利于解决问题。

丘吉尔的话,简直是说到了咱们心坎儿里。他提醒我们,追求完美就像是一场永无止境的马拉松,最终只会让我们筋疲力尽,失去前进的动力。作为新手爸妈,我们已经倾注了所有的爱与努力,这份付出本身就是无价之宝。记住,真正的成长在于过程,而非结果是否完美无瑕。我们要学会欣赏自己和孩子的不完美,因为正是这些不完美,构成了我们独一无二的人生故事。

心理学家们的见解更是为我们揭示了内在与外在的深刻联系。当我们过于苛责自己时,这种自我否定的情绪往往会不自觉地投射到他人身上,尤其是对我们最亲近的孩子。我们或许以为自己在以身作则,给孩子树立高标准,但实际上,这种过度挑剔可能只会让孩子感受到压力和不安。真正的榜样,应该是充满爱、理解和支持的父母,能够与孩子共同成长,相互鼓励。

再者,面对孩子的问题时,极端的自责或推脱责任都非明智之举。自责会让我们陷入无尽的内疚和痛苦之中,而推脱责任则可能让孩子感到被忽视或不被理解。我们应该学会以平和的心态去分析问题,既不盲目承担责任,也不过分逃避责任。通过积极的沟通和合作,与孩子一起寻找解决问题的方法,这样的过程不仅能够增进亲子关系,还能让孩子学会如何面对挑战和困难。

在《极简父母法则》中,作者理查德·泰普勒写道:"想象一下,在你成长的过程中,你的父母毫无差错,他们的行为就像教科书一样,永远是对的。这听起来有趣吗?当然没有。因为在孩子成长的过程中,需要有自己厌恶的东西,需要有埋怨的对象,这自然是父母的任务,父母最好给孩子一些可以埋怨自己的理由。"

>>> 温柔蜕变,好父母的"刚刚好"艺术

成为好父母的过程,是一场从追求极致完美到学会"刚刚好"的温柔蜕变。这里的"刚刚好",是一种细腻而深刻的平衡艺术。它不仅仅是关于物质上的适度给予,更是情感与教育的精准拿捏。

在婴儿时期,"刚刚好"意味着全心全意地关注与满足,给予孩子无条件的爱与安全感,让他们在这个新世界中感受到最初的温暖与依靠。随着孩子逐渐长大,这份"刚刚好"则转化为一种更加成熟与理性的陪伴方式。它要求父母学会适时放手,鼓励孩子自主探索、尝试与挑战,同时也在他们需要时给予恰到好处的支持与引导。

在这个过程中,坦然面对并接纳自己的错误与失败显得尤为重要。作为父母,我们并非无所不能的完人,也会犯错,也会遇到挫折。但正是这些不完美,构成了我们与孩子共同成长的真实轨迹。当我们勇于承认错误,积极寻求改进,并用实际行动向孩子展示如何面对失败与困难时,我们其实是在教会他们最重要的生活课程——坚韧与乐观。

更重要的是，只有当父母真正接纳自己，原谅自己的不完美时，我们才能卸下心中的重担，以更加轻松、自然的状态与孩子相处。这样的我们，能够传递给孩子更多的正能量与快乐，让他们在一个充满爱与自由的环境中茁壮成长。相反，一个总是唉声叹气、焦虑不堪的妈妈，她的负面情绪很可能会像乌云一样笼罩在孩子的心头，影响他们的性格发展与心理健康。

因此，成为好父母的过程，就是一场自我成长与蜕变的旅程。它教会我们如何在爱与责任之间找到那个"刚刚好"的平衡点，让我们在陪伴孩子成长的同时，也收获自己的成长与幸福。

>>> 在孩子面前表现真实的自己

多数父母都不愿意在孩子面前"出丑"，不敢把最真实的一面展示出来。殊不知，出点丑会比刻意不犯错，或者掩饰错误，在孩子眼中的形象更立体，让孩子更放松，更觉得暖心。

比如，某明星发微博说"孩子想吃生煎包，祝我成功。"配图是两张看起来非常有食欲的生煎包图。1小时后，微博更新说："心态彻底崩了。"配图是两张煎得黑乎乎的生煎包。但孩子为了不让爸爸难过，抢着吃了煎黑的生煎包。

父母越敢于出丑，孩子越能共情，越能体谅父母。同时，这也会让孩子放下心防，让相处没有距离感，有助于建立平等亲密的亲子关系，使父母成为孩子的亲密伙伴。

一段好的关系，是舒服、自然，是可以做自己的，友情、爱情如此，亲子关系也是如此。凡事不要太用力，养孩子也不用太用力。不挑剔自己，不苛责自己，允许自己犯错，让心情得到放松，比什么都重要。

● 情绪管理，与孩子共同面对与处理负面情绪

许多父母或许都有过共鸣，每当目睹孩子绽放灿烂笑容的那一刻，内心便不由自主地被幸福充盈。然而，面对孩子的泪水或不悦的表情，那份宁静往往被一丝烦躁所取代。我们内心深处，总怀揣着一个美好的愿望，希望孩子的每一天都能被快乐环绕，而对那些偶尔浮现的负面情绪则显得有些难以接受。

但深思之下，无论是喜悦还是忧伤，每一种情绪都是人性中不可或缺的色彩。回顾自身，我们也并非总是阳光满面，偶尔也会陷入愤怒的情绪，或是经历连续的低落期。既然如此，我们为何要对孩子抱有如此高的情绪期待，要求他们永远保持乐观，而不允许负面情绪的存在呢？

在新浪育儿频道的某个角落，一位妈妈忧心忡忡地发帖询问："我的宝贝女儿似乎过于敏感，每当她向他人索求未果，或是拼图挑战失败，都会难过得掉眼泪。这些在我看来似乎并不值得如此伤心的小事，却让她如此介怀。我担心她这样的性格太过脆弱，将来如何能承受生活中的风雨？看看周围那些坚韧不拔的孩子，我不禁开始质疑自己的教育方式，甚至感到自己作为母亲的挫败与无力。"

而另一位妈妈温柔地回应道：首先，当您用"挫败"这样的词汇来形容自己时，我能感受到您此刻内心的挣扎与不安。您期望女儿能拥有坚强的品质，面对困难不屈不挠，但孩子的表现似乎并未如您所愿，这让您深感失望与自责。然而，我们换个角度思考，孩子为什么就不能拥有她自己的情绪表达方式呢？当她满

心期待落空，或是努力尝试后依然失败，那份失落与难过是她真实的感受，她有权利去体验、去表达。哭泣，正是她情绪释放的一种方式，是她在学习如何面对挫折、如何自我疗愈的过程。请给予她这份理解与接纳，让她知道，无论成功还是失败，都有爱她的人在身边支持着她。

为什么孩子的不良情绪，比如哭泣，有时不被父母接纳，甚至可能引发父母的反感，促使他们急于制止？这背后，父母除了可能将孩子的哭泣误解为"不守规矩""缺乏勇气"或"无理取闹"，更深层次的原因在于，孩子的负面情绪如同一面镜子，映照出父母内心深处未解的忧虑与不安。当孩子的哭泣声响起，它像是一把钥匙，不经意间打开了父母心中紧锁的情绪之门，释放出那些被压抑的负面情绪，如焦虑、挫败感等，让父母感到措手不及，甚至情绪失控。

然而，静下心来反思，我们大人自己难道就没有过类似的情绪体验吗？面对挑战与困境，我们同样会感到害怕、沮丧或失望。既然如此，我们又怎能苛求孩子永远保持坚强与冷静，而不允许他们释放自己的情感呢？要求孩子做到的事情，我们自己也未必能完全做到。因此，在面对孩子的哭泣与大喊大叫时，我们应当多一份包容与理解，认识到这是他们成长过程中的一部分，是他们学习如何与情绪共存、如何自我疗愈的必经之路。

>>> 允许孩子表达负面情绪

许多父母在孩子哭泣时的第一反应往往是迅速安抚，希望尽快让孩子停止哭泣。然而，心理学家的观察和研究提醒我们，这样的做法可能忽略了孩子哭泣背后的重要信息和需求。

孩子们通过哭泣这一行为，实际上是在用一种原始而直接的方式表达他们的情感状态和身体需求。无论是心情的起伏、身体的不适（如肚子疼、饥饿、口渴等），还是情感上的挫折与伤害，哭泣都是他们尝试与外界沟通、寻求理解和帮助的方式。

　　更重要的是，正如心理学家所指出的，哭闹不仅仅是情感的宣泄，更是孩子情感愈合和自我调节的一个关键过程。在这个过程中，孩子学会了如何面对和处理自己的负面情绪，逐渐建立起自我安抚和情绪管理的能力。

　　因此，作为父母，我们面对孩子的哭泣时，应该更加耐心和细致地观察，尝试理解孩子哭泣背后的真正原因，并给予孩子适当的支持和引导。而不应一味地只求让孩子立即停止哭泣，以免错过与他们建立情感连接、帮助他们成长的重要机会。

　　在孩子的成长过程中，我们需要学会尊重他们的情感表达，给予他们足够的时间和空间去处理自己的情绪。当孩子哭够了，他们会自然地恢复平静，并从中汲取力量，继续他们的人生旅程。

　　强行制止孩子的哭泣会让孩子情绪低落，打不起精神，对什么都不满意，这是因为他的负面情绪和受到的创伤没有机会发泄和愈合。还有一种情况是，孩子因为自己的要求没有得到满足而哭闹，父母给他哭闹的自由会让他慢慢地明白，哭闹不能解决这些问题。

　　孩子哭泣的时候，我们可以给予他一个温暖的拥抱，并温柔地告诉他："我知道你现在很难过，因为你想出去玩，但现在是该睡觉的时间了。"这样的表达不仅帮助孩子清晰地认识到自己情绪的起因，还教会了他们如何识别和命名自己的感受。随后，一句"你想哭就哭吧，妈妈会陪着你"更是对孩子情绪的接纳和鼓励，让他知道在这样的时刻，他并不孤单，可以自由地表达自己的情感。

通过这样的方式，孩子能够逐渐学会如何有效地管理和表达自己的情绪。他们会认识到，情绪是正常的，而哭泣是处理负面情绪的一种健康方式。当孩子感到自己的情绪被理解和接纳时，他们的内心会建立起一种安全感，这种安全感将成为他们未来面对问题和困难时的坚实后盾。

因此，孩子及时的情绪表达及父母的支持，对孩子的成长至关重要。它不仅有助于孩子建立健康的情感表达习惯，还能增强他们的自我认知和自我调节能力，使他们在面对生活中的挑战时更加从容和自信。

许多父母在孩子哭泣时可能会产生担忧，害怕过度纵容会让孩子变得过于依赖哭泣来表达情绪，进而担心他们成为所谓的"爱哭鬼"。然而，父母的这种担忧往往源于对孩子成长过程的不完全理解。

在孩子成长的初期，哭泣是他们最直接、最自然的情感表达方式。它不仅是情绪的宣泄，更是孩子与周围世界沟通的重要桥梁。随着孩子年龄的增长和认知能力的提升，他们会逐渐学会更多的情绪表达方式和沟通技巧，哭泣的频率自然会相应减少。

因此，当孩子想哭的时候，父母给予他们一定的时间和空间去表达情绪，是理解和支持他们的重要方式。这不仅有助于孩子情绪的释放和内心的平静，也是培养他们自我调节能力和情感管理能力的重要过程。当孩子感受到自己的情绪被尊重和理解时，他们会更加自信地面对生活中的挑战，内心也会因此变得更加坚强。

>>> **不否定孩子的负面情绪**

父母在应对孩子的负面情绪时，除了可能倾向于制止孩子的哭泣，还常常不自觉地否定孩子的情绪体验。例如，当孩子表达害怕恐龙或怕黑时，父母以"那有什么好怕的"或"我都不怕，你也不用怕"来回应，这种做法实际上是在无意中剥夺了孩子感受自己情绪的权利，并可能给孩子传递出一种错误信息，即他们的情绪是不被接受或不被理解的。

重要的是要认识到，情绪本身并没有好坏之分，它们是人类自然且必要的心理反应。孩子对恐龙或黑暗的恐惧，是他们基于自身经验和感知的真实感受，这些感受是真实且值得被尊重的。作为父母，我们的首要任务应该是接纳孩子的情绪，表达出我们的理解和支持，让孩子感受到他们的情绪是被看见的、被听见的。

在接纳了孩子的情绪之后，我们可以进一步引导他们学会如何面对和处理这些情绪。这包括通过提问、分享故事或角色扮演等方式，帮助孩子理解情绪的来源，学习如何以更健康、更积极的方式应对恐惧和挑战。同时，我们也要避免以自己的标准去衡量孩子的情绪反应，因为每个孩子都是独一无二的，他们的情绪体验和应对方式也会有所不同。

当孩子感受到自己的情绪被父母否定或排斥时，他们往往会得出一些消极的结论，比如"妈妈不喜欢我害怕，害怕是不好的行为,我不应该害怕",甚至担心"否则妈妈就不爱我了"。这种担忧和不安会促使孩子努力取悦父母,从而压抑自己真实的情感表达。

长此以往,孩子可能会学会隐藏自己的真实感受,包括想哭和害怕的情绪,转而采用撒谎或隐瞒错误的方式来避免冲突和惩罚。他们可能会将委屈和不满憋在心里,不敢向父母或其他亲近的人倾诉。这种情感上的压抑和孤立,不仅会影响孩子的心理健康,还可能导致他们出现各种心理问题,如焦虑、抑郁、自我认同障碍等。

>>> 帮孩子找到正确的宣泄渠道

作为父母,我们不仅要培养一种开放和接纳的心态来面对孩子的情绪,还需要引导孩子以健康的方式去表达和释放它们。我们可以为孩子准备一些专门的情绪发泄工具,比如一个柔软的枕头,让他们在不开心时可以安全地发泄。

鼓励孩子通过绘画和涂鸦来表达内心的感受,无论是快乐还是不满,都可以跃然纸上。

此外,让孩子自由地唱歌,无须在乎歌词或曲调,只是尽情地歌唱出来,也是一种很好的情绪释放方式。

家庭出游也是不错的选择,它不仅能开阔孩子的眼界,还能在旅途中帮助他们放松心情,陶冶情操。

另外,在家里设立一面"心情墙",让孩子每天将自己的情绪以文字或图画的形式记录下来,也是一种增进自我认知和情绪管理的好方法。

运动同样重要,一场酣畅淋漓的运动后,孩子体内的负能量会得到有效的释放。我们要认识到，孩子对自我情绪的认识和掌控是一个逐步成长的过程，每一次的情绪体验都是他们宝贵的成长财富。

重要的是，我们要明确，孩子的情绪管理是他们自己的责任，作为父母，我们不必为此感到自责或失败。我们的角色是全心全意地接纳孩子的情绪，并在接纳的基础上，教会他们如何正确地沟通，如何用语言来表达自己的情感。这样，孩子就能在面对挑战和困难时，更加从容不迫，学会寻求帮助并尝试通过讲道理来解决问题，最终成为一个通情达理、情绪稳定的人。

● 犯错即成长，让孩子从错误中学习与成长

家长们时常忧虑孩子会犯错，比如作业遗漏、错误频出或是忘记携带课本，进而引发老师在家长群中的提醒。每当孩子连续犯错，父母的焦虑与愤怒便可能随之升级。他们内心深处渴望孩子能永远无错，因为错误似乎总是与麻烦相伴。于是，有些父母倾向于在孩子犯错之前就给予预警，力求防患于未然，对孩子的要求近乎苛刻，设定诸多规则，甚至在孩子无法完成时便亲自代劳。

然而，这种过度管控与代劳的行为，却无形中让孩子对错误产生了深深的恐惧，也让他们对父母产生了高度的依赖。孩子在面对选择时犹豫不决，总是期待父母能为他们做出决定，承担后果。这样的孩子，就如同温室中的花朵，看似娇嫩，实则脆弱，难以经受风雨的洗礼，难以真正茁壮成长。

法国文学巨匠罗曼·罗兰曾深刻地指出:"人生的旅途中,犯下一些错误是必然且有益的,因为正是这些错误,拓宽了我们的视野,增长了我们的见识。"确实,过度地要求孩子"循规蹈矩""不犯错误",往往会在无形中阻碍他们自然成长的步伐。现实是残酷的,没有人能够避免犯错,尤其是成长中的孩子,他们正处于探索世界、认识自我的关键阶段。

强行剥夺孩子犯错的机会,实则是剥夺了他们学习的权利,束缚了他们自由飞翔的翅膀。这样的做法,无异于在孩子的成长过程中设置了一道无形的牢笼,让他们失去了探索未知、挑战自我的勇气和能力。

而明智的父母,则会以一种开放和包容的心态,去看待孩子的错误。他们深知,错误是孩子成长的催化剂,是通往成功的必经之路。因此,他们会巧妙地利用孩子的错误,作为教育的契机,引导孩子从错误中汲取教训,学习如何面对失败,如何调整策略,如何坚持不懈地追求目标。

有一位享誉国际的物理学家,在回顾自己的辉煌成就时,深情地将这一切成就归功于他童年时期的一次小插曲,以及他那位充满智慧的母亲。他分享了这样一个故事:

在他6岁那年,他独自一人在家中的实验室里(尽管那只是一个堆满了简单实验器材的小角落),尝试制作一个简易的火山模型。不幸的是,由于操作不慎,他打翻了一瓶醋,与小苏打发生了剧烈的化学反应,导致泡沫四溅,整个房间瞬间被一片混乱的白色泡沫所覆盖。他惊慌失措,担心会受到责备。

这时,母亲闻声而来,却并未立即责备,反而露出了温柔的笑容，轻声说："看，这泡沫虽然意外，但也是个奇妙的创造。儿子，我们何不一起看看，它还能带给我们什么乐趣呢？"受到母亲的启发，他开始在泡沫中寻找乐趣，想象自己正置身于一个奇幻的泡沫世界，与母亲一起嬉戏，享受这突如其来的"自然奇观"。

之后，母亲引导他清理了现场，并耐心地教他如何安全地进行实验，如何预防类似的事故再次发生。更重要的是，她教会了他一个宝贵的人生哲理：面对失败和意外，首先要保持冷静和乐观，然后寻找其中的价值，将不利转化为有利。

这位物理学家说，正是这次经历，塑造了他面对科研道路上无数次失败与挑战时的态度。每当实验失败，他都能迅速调整心态，从失败中汲取教训，寻找新的可能性和创新点。这种将挫折视为成长契机的精神，成为他科研生涯中不可或缺的力量源泉。

简单地告诉孩子"这个对""那个错"，孩子的印象是不深的，孩子也不知道为什么这样是错的，那样是对的，只有让他亲自去尝试，去碰几次壁才能懂得。

孩子怕犯错的心态来自我们的严厉管教，当孩子在成长过程中，每一次尝试和探索都伴随着父母严厉的批评和指责时，他们自然会形成一种"害怕犯错"的心理防御机制。这种心态会让他们在面对挑战和未知时，更倾向于退缩，而不是勇敢地迈出步伐，因为他们担心一旦失败，就会受到惩罚或责备。

为了打破这种恶性循环，我们需要努力营造一个更加宽松和支持性的家庭环境。这意味着即使孩子可能会犯错，也要给予他们足够的自由和空间去尝试新事物。当孩子犯错时，我们也应该以理解和鼓励的态度去回应，而不是一味地指责和批评。我们可以告诉孩子："勇敢地去做吧，即使你犯了错误，那也是你学习的一部分，我们不会因此责怪你。"

>>> 惩罚不是最好的方式

在现实生活中，孩子犯错时面临的后果有时可能相当沉重。面对这些状况，父母内心往往焦急万分，觉得孩子离自己的期望尚有差距，于是情绪可能失控，采取过激的言行，如体罚或言语上的严厉责骂，甚至极端情况下可能考虑将孩子暂时隔离。父母内心坚信，犯错即应受罚，这是理所当然的教育原则。然而，在此过程中，一个至关重要的区分点在于，父母应当审视自己是在冷静地教育孩子认识错误，还是在情绪冲动下发泄不满。

从心理学角度来看，父母若仅因情绪而咆哮或怒斥，长此以往，孩子可能会变得胆小谨慎，缺乏自信，不敢在公众场合表达个人观点，成年后也可能在做决策时优柔寡断。更糟糕的是，这种沟通模式可能被孩子内化，影响他们与他人的交往方式，认为大声吼叫是有效的沟通手段。有的孩子则可能形成双重性格，表面顺从以避免冲突，内心却充满反叛，待时机成熟便会以激烈的方式反抗，最终可能严重损害亲子关系的和谐。

此外，父母的惩罚还可能让孩子将注意力从错误本身转移到如何逃避惩罚或为自己辩护上。这样一来，孩子就失去了从错误中学习和成长的机会，反而可能学会如何推卸责任或掩盖事实。这种行为模式不仅不利于孩子的个人发展，也可能让他们在未来的社会生活中遇到更多的困难和挑战。因此，父母在应对孩子的错误时，应努力保持冷静，明确教育的初衷是引导孩子认识并改正错误，而非简单地施加惩罚。

>>> 帮助孩子认识并弥补错误

在成长的道路上，犯错是不可避免的一部分，它本身并不构成不可饶恕的过错。关键在于，孩子犯错后是否能够真诚地反省，积极地去纠正错误，这样的态度往往能够赢得他人的谅解，甚至是鼓励与支持。然而，现实生活中，有些父母却倾向于以一种过度宽容的态度对待孩子的错误，常以"孩子还小，不懂事"为借口，给予无原则的迁就和纵容。

这种做法虽然看似在保护孩子，实则是在无形中为孩子种下了不良行为的种子。当孩子意识到自己的行为即使造成了不良后果，也无须承担相应责任时，他们便可能变得肆无忌惮，对错误毫不在意，甚至在未来可能变本加厉，成为让人头疼的"熊孩子"。

网络上有个视频，某小区监控显示，一个10岁的男孩在电梯里小便，男孩的妈妈得知后，立即在业主群里发文为自己的监督不到位道歉，并主动提出让孩子承担1个月楼梯清洁的责任，作为对错误行为的补偿。同时，小男孩也亲手写了一封真挚的道歉信，表达了他对大家造成的困扰的深深歉意，并渴望得到原谅。这一举动赢得了业主们的广泛赞誉，网络上大家也纷纷对这位母亲的教育方式表示赞赏。

这位母亲的做法，是对"言传身教"最生动的诠释。她用自己的行动告诉孩子，犯错并不可怕，关键在于如何面对和改正。她教会了孩子勇于承担责任，用实际行动去弥补过失，这是比任何言语说教都更为深刻的教育。同时，她也向孩子展示了尊重他人、尊重环境的重要性，让孩子在亲身体验中理解个人行为对社会的影响。

此外，男孩撰写道歉信的行为，更是他内心反省与成长的体现。这封信不仅是对受影响者的直接致歉，也是他对自我行为的一次深刻反思。通过这个过程，他学会了如何面对自己的错误，如何向他人表达歉意，这对他未来的成长和人际交往都将产生积极的影响。

父母要知道，孩子犯错有时是因为无知，没有认识到这样带来的不良后果。当孩子犯错时，父母应当成为他们成长的引路人，而非简单的指责者。我们应当耐心地向他们解释哪些行为是可取的，哪些是不可取的，并帮助他们理解错误行为可能带来的后果。通过让孩子亲身参与弥补错误的过程，他们不仅能在实践中学习到责任感，还能在不断试错与改正中走向成熟。

>>> **选择谅解**

爱因斯坦曾以深邃的洞察力指出："教育的真谛，亦蕴含于宽恕之中。"当我们以包容之心接纳孩子的过失，他们便能感知到被理解的温暖，从而卸下心灵的包袱，勇敢地迈向未来。同时，辅以适时的引导与帮助，孩子们能在这一过程中汲取宝贵的教训，学会如何在未来的道路上做出更明智的选择。

在探讨育儿智慧的经典之作《正面管教》里，有一句温暖人心的话语："孩子的行为或许有偏误，但孩子本身绝非错误。"我们往往以自己的标准衡量对错，却忘了每个孩子都有探索世界的渴望。他们渴望通过亲身经历去认知世界，哪怕这意味着会遭遇挫折。因此，我们应当成为孩子成长路上的守护者，鼓励而非禁止他们尝试与犯错，因为这正是通往成熟与智慧的必经之路。

● 尊重孩子的天性，不强求内向的孩子变外向

在这个快节奏、高压力的社会中，我们常常听到父母或老师对孩子们说："你要开朗一些，要外向一点。"然而，这样的期望是否真的适合每一个孩子？今天，我们就来探讨一下这个问题。

首先，我们要明白什么是内向和外向。内向的人通常喜欢独处，他们从自己的内心世界中获得能量，而外向的人则喜欢社交，他们从与他人的互动中获得能量。这两种性格类型并没有优劣之分，只是不同的能量获取方式。

然而，在现实生活中，我们往往看到一种倾向，那就是认为外向的人更容易成功，更容易获得他人的喜欢。这种观念导致了许多内向的孩子感到压力，他们被迫去适应一个并不适合自己的环境，去模仿那些外向的行为模式。

但是，这样做真的好吗？让我们来看几个例子。

小明是一个内向的孩子，他喜欢阅读和思考，但在学校里，他总是被老师和同学们认为不够活跃，不够开朗。为了适应这种期望，小明开始强迫自己参加各种社交活动，尽管这让他感到非常疲惫和不自在。结果，他不仅没有变得更加外向，反而开始讨厌与人交往，甚至出现了社交恐惧的症状。

小红是一个外向的孩子，她喜欢与人交流，喜欢参加各种活

动。但是,她的父母却希望她能够更加专注和内向一些,因为他们认为这样更有利于学习和成长。小红开始尝试减少社交活动,花更多的时间在书本上。虽然她的学习成绩有所提高,但她感到非常孤独和压抑,因为她失去了与朋友交流的乐趣。

这些例子告诉我们,强迫孩子改变自己的性格,不仅不能帮助他们成长,反而可能对他们的心理健康造成伤害。

那么,我们应该如何尊重孩子的天性,不强求内向的孩子变外向呢?

>>> 不拿孩子的短处比别的孩子的长处

许多父母往往会有一种倾向,那就是将孩子的内向性格看作是一种不足,他们经常不自觉地拿内向孩子的特点与外向孩子的各种优点进行不恰当的比较。这种做法非但没有带来任何积极的作用,反而导致家长们感到更加焦虑和挫败。实际上,内向的孩子同样拥有他们自己的优点和独特特质,这些优点和特质是同样宝贵和值得赞赏的。但是,这些闪光点往往因为家长们过分聚焦于孩子的所谓"不足",而被无意中遮盖了。

家长们过分强调孩子的内向性格可能带来的劣势,并试图通过各种方式来弥补或掩饰这些所谓的不足。在这个过程中,他们不经意间忽视了对孩子真正优势和潜力的认识和培养。这种片面的关注不仅不利于孩子的全面发展,而且可能让孩子感受到来自家长的不满和压力,从而影响了孩子的自信心和自我价值感的建立。因此,我们应当重新审视自己的态度,认识到每个孩子都有其独特的价值,内向的孩子也不例外,他们的优点和潜力同样值得被看见和培养。

>>> 看到内向孩子的优势

内向的孩子在某些方面的确可能会展现出如胆怯、不自信、犹豫不决等看似为弱点的特质。然而，相较于外向者，内向者同样拥有诸多不容忽视的优势。他们往往表现出沉稳而不急躁的性格，行事谨慎且深思熟虑；他们擅长独立思考，展现出强烈的独立钻研精神；他们踏实勤恳，注意力高度集中，拥有持久的忍耐力；此外，内向的孩子还常常展现出丰富的想象力和创造力，对世界的观察细致入微，对刺激的反应尤为敏感；他们更是优秀的倾听者，善解人意，能够深刻理解他人的情感与需求。

作为父母，我们的责任在于发现并引导孩子充分发挥这些个性优势。重要的是要认识到，内向并非缺陷，而是一种独特的性格特征。内向的孩子以其敏感与深思熟虑的特质，在艺术、科学等众多领域展现出了非凡的潜力与优势。

有调查发现，世界上70%以上的成功者都是性格内向的人。比如爱因斯坦、林肯、卡夫卡、比尔·盖茨、巴菲特、洛克菲勒、乔布斯、扎克伯格、李嘉诚、俞敏洪、李彦宏、张朝阳、袁隆平、李安，都是性格颇为内敛之人。就连著名的电影明星奥黛丽·赫本也是一个内向者，她说："我享受独处，喜欢和我的狗一起散步，一起欣赏树木、花朵、天空……如果给我机会让我从周六晚上独自一人待到周一早晨，我会很开心。"

因此，我们应当以尊重与理解的态度，给予孩子们足够的空间与自由，鼓励他们勇敢地探索自我，发展个人潜能。只有这样，我们才能帮助内向的孩子在成长的道路上绽放属于自己的光彩。

>>> 从内心里接纳孩子的个性

孩子的幸福与否，并不取决于其性格的内外向，而更多地在于他是否能够清晰地认识自我，并从心底深处接纳那个真实的自己。当父母无法接纳孩子真实的个性时，孩子很可能会因此产生自我怀疑，觉得自己不够好，进而拒绝接纳自己，甚至发展到厌恶自己的地步。

我们可以将性格外向的人比作太阳能电池，他们如同阳光下的花朵，能够迅速吸收并散发光芒；而内向的人，则更像是精心充电的电池，他们虽不张扬，却在需要时默默释放巨大的能量。如果说外向者是一座易于发现的露天金矿，那么内向者则是一座深藏不露的玉矿，需要更细致的探索才能发现其内在的价值。

因此，我们应当明白，内向、外向都只是性格的不同表现形式，它们各自拥有独特的优势，并无优劣之分。作为父母，我们应当顺应孩子的天性，而非与之对抗。只有当我们真正理解和接纳孩子的个性时，他们才能自信地拥抱自我，勇敢地追求自己的梦想，最终活出真正的自我。

法国作家让·吉罗杜曾说："从我们的幼年开始，每个人身上就编织了一件无形的外衣：它渗透于我们吃饭、走路及待人接物的方式之中。这件外衣就是我们的性格。"

内向也好，外向也罢，都有自己的弱点和优势，作为父母要正确认识孩子性格中的不足和闪光点，也让孩子接纳并喜欢自己。尊重孩子的天性，不强求内向的孩子变外向，是我们作为父母和教育者的责任。我们应该用开放的心态去接纳每个孩子的独特性，用爱和理解去支持他们的成长。只有这样，我们的孩子才能够健康、快乐地成长，成为他们自己想要成为的人。

● 学会倾听，给孩子真实表达的机会

在家庭中，我们作为父母，往往习惯于把孩子视为尚未完全理解世界的小生命，认为他们没有太多烦恼，也不需要太多的表达空间。然而，这种想法忽略了孩子作为独立个体的情感和思考需求。每个人都有自己的声音，孩子也不例外，他们同样拥有丰富的内心世界和渴望被听见的需求。

作为父母，我们的角色不仅仅是引导者和教育者，更是孩子最亲密的倾听者。耐心倾听，是理解孩子想法和感受的关键，也是建立亲子关系的重要桥梁。以下是一个深刻的故事，它告诉我们倾听的重要性：

小栋今年10岁了，是一名小学三年级的学生。最近，老师觉得小栋很奇怪，以前他非常活泼开朗，上课积极发言，可现在却变得沉默寡言，经常是一个人发呆。

经过老师的一番询问，才知道了小栋不爱说话的原因：以前，每当小栋放学回家以后，就会把学校发生的趣事讲给父亲听，可是父亲总是觉得这些话没有用。要知道，他的父亲是一个非常严格的人，把全部希望都寄托在小栋身上，希望小栋能考上大学，将来能够出人头地。可小栋似乎不把这些当成一回事，而是喜欢说一些学校的小事。

因此，每当小栋兴高采烈地说这些时，父亲就会立即打断他："整天只会说这些废话，一点用处也没有，你要是把这些心思

放在学习上多好,快去写作业!"慢慢地,小栋就不说了。

有一次,班里发生了很有趣的事情,小栋迫不及待要和父亲分享。正要说的时候,父亲厉声道:"说了你多少次了,让你别说这些废话,你还说!以后再说,看我不收拾你!"

父亲的样子让小栋感到很害怕,便不敢再说,只得回到自己房间里去了。时间一天天过去,小栋的话越来越少了。每天放学后,他就把自己关在房间里,吃饭的时候才出去。周末放假,父亲也不准他出去玩。慢慢地,小栋在学校也变得沉默寡言了。

这个故事让我们意识到,父母的言行对孩子影响深远。

我们作为父母,需要反思自己的行为:

当孩子想要分享时,我们是否总是以忙碌为借口?

当孩子热情洋溢地讲述时,我们是否总是不耐烦地打断?

当孩子需要交流时,我们是否总是沉默以对?

>>> 倾听与成长:建立亲子沟通的桥梁

许多父母在生活上给予孩子无微不至的关爱,却未能真正平等地对待孩子,忽视了孩子的自尊心。当孩子想要表达自己在学习和生活中遇到的问题时,我们往往急于打断,不让孩子把话说完。有时,我们甚至因为孩子的一些行为而采取打骂的方式。

孩子因此只能把心里话咽回去。据调查,超过70%的父亲承认没有耐心听孩子说话。这种行为对孩子的伤害是巨大的。当孩子的想法得不到重视,他们只能把秘密和心里话深埋心底。

长期下去,不仅亲子关系会受到影响,沟通也会出现问题。教育专家的调查显示,70%至80%的孩子心理问题与家庭有关,尤其是与父母,特别是父亲的沟通方式不当有关。此外,不让孩子把话说完,也会影响孩子的语言表达能力和社交能力,甚至可能导致孩子产生自卑情绪。

>>> **用心倾听:培养孩子的自信与独立性**

每个人都渴望有人倾听自己的声音。但在大多数情况下,沟通不畅正是因为缺乏倾听者。如果父母能对孩子多些耐心,不急于打断,孩子在遇到问题时就会更愿意向我们倾诉,与我们建立良好的沟通。

因此,在日常生活中,我们作为父母应该:

引导孩子表达自己的想法,与他们进行交流。

倾听孩子的谈话、故事和对电视节目的看法。

让孩子在轻松的氛围中全身心地投入谈话中。

让孩子自由发挥,不预设任何仪式或预期结果,与孩子随意交流观点和看法。

多陪伴孩子,耐心倾听他们的内心想法,对他们的身心健康和性格养成至关重要。实际上,倾听孩子的话是教育孩子最有效的途径。只有耐心地倾听,我们才能看清孩子的内心世界,与他们共同成长。

此外,我们还可以通过以下方式进一步促进与孩子的沟通:

1. 定期家庭会议:设立每周或每月的家庭会议,让孩子知道他们的声音和意见被重视,鼓励他们在会议中表达自己的想法和感受。

2. 共同活动:与孩子一起参与活动,如做饭、打扫、运动或游戏,这些共同的经历可以成为交流的契机,增进彼此的理解和感情。

3.情感教育：教育孩子识别和表达情感，如使用情绪卡片或情绪日记，帮助孩子学会用语言描述自己的感受。

4.阅读和讨论：一起阅读书籍或观看电影后，与孩子讨论故事中的角色和情节，引导他们思考和表达自己的观点。

5.尊重孩子的隐私：随着孩子的成长，尊重他们的隐私变得越来越重要。允许孩子有自己的空间和秘密，同时也教会他们信任和在需要时向父母寻求帮助。

6.正面反馈：当孩子表达自己的想法时，给予正面的反馈和鼓励，即使是不成熟或错误的想法，也要尊重并引导他们思考。

7.情绪安全：确保家庭是一个情绪安全的地方，孩子可以自由地表达自己的情绪，而不必担心被嘲笑或惩罚。

通过这些方法，我们不仅能够更好地了解孩子的内心世界，还能够帮助他们建立起独立思考和自我表达的能力。这样的孩子，在未来的生活中，将更有信心面对挑战，更有责任感去承担自己的选择。

倾听是父母送给孩子最好的礼物之一。它不仅能够加深亲子之间的情感联系，还能够为孩子提供一个安全、自由的表达环境，让他们在成长的道路上更加自信和独立。

通过这样的实践，我们能够培养孩子的独立性和责任感，同时也在塑造一个更加健康和谐的亲子关系。学会倾听，不仅是对孩子成长的支持，也是对父母自身成长的一种促进。

第六章

高效陪伴
——培养孩子的独立性与责任感

● **家务的分享，亲子时光，共同成长**

　　孩子不爱做家务，真的是因为懒吗？答案往往比我们想象的要复杂。很多时候，这背后隐藏着的是父母，尤其是妈妈们的过度勤劳。不少父母习惯性地为孩子包办一切，生怕他们受到丝毫委屈或伤害，将"你只管学习，其他事不用你管"作为口头禅，无形中剥夺了孩子学习和成长的机会。然而，这样的做法非但没有让孩子更专注于学习，反而可能让他们失去了对生活的热情和对责任的认知。

　　在家庭中，我们常常见到这样的场景：妈妈下班后，匆忙地买菜、做饭、洗衣、打扫卫生，忙得不可开交；而孩子呢，可能连手中的橘子皮都懒得扔进垃圾桶，更别提帮忙收拾碗筷了。这样的场景，不仅让妈妈感到疲惫不堪，也让孩子错过了宝贵的亲子时光和成长机会。

当然，妈妈们之所以忙碌不已，也有她们的考虑。其中一个原因是她们认为孩子年纪尚小，可能还不具备帮忙做家务的能力，而且在参与家务的过程中可能会遇到各种安全隐患，比如可能会被刀具割伤、被热水烫伤或者被清洁工具绊倒。另一个原因是，孩子们的能力可能确实有限，这可能会导致一种"越帮越忙"的局面。比如，原本地面已经打扫干净，孩子帮忙的时候却不小心打翻了垃圾桶，导致妈妈需要重新打扫。这样的经历可能会让家长们产生这样的想法：与其让孩子帮忙后反而增加了自己的工作量，不如自己快速完成家务，然后空出时间来陪伴孩子玩耍。

虽然这样的做法可以避免一些麻烦，但它同时也打击了孩子的积极性，长期下来，孩子可能就不愿意再尝试帮忙做家务了。这样的结果，不仅剥夺了孩子学习成长的机会，也可能逐渐让孩子失去了参与家庭生活的热情。

常常听到妈妈们感叹家务繁重，感到疲惫不堪。如果条件不允许雇佣帮工，那么不妨邀请孩子们加入家务劳动的行列。哈佛大学一项持续20年的研究表明，那些喜欢做家务的孩子，在成年后的就业率是那些不喜欢做家务的孩子的15倍，而犯罪率却只有十分之一。此外，喜欢做家务的孩子，患心理疾病的概率较低，离婚率也相对较低。专家们还指出，让孩子参与家务，不仅能够锻炼他们的动作技能，提升认知能力，还能培养他们的责任感。

青少年研究专家孙云晓提醒我们："现代父母越来越注重孩子的早期教育，各种培训机构也应运而生。但是，许多家长和培训机构往往只关注孩子的智力开发和知识传授,却忽视了培养孩子的情商、责任心、道德和良好习惯。实际上,让孩子参与家务,是培养这些能力的最佳途径。"

不要小看做家务这些看似琐碎的小事,它们对孩子的成长有着不可估量的影响。通过做家务,孩子们不仅学会了生活技能,更在无形中培养了责任感和独立能力,这对他们未来的生活和工作都有着深远的意义。

那么,如何安排做家务比较容易赢得孩子的合作?

>>> **给孩子安排合适的家务**

做家务应该"从娃娃抓起",但父母也需要考虑孩子的年纪。若是家务太难,孩子无法完成,很容易打击他的积极性。不同年纪的孩子,适合做的家务如下:

1~2岁:在大人的提示下,可以做一些简单的家务,如将尿不湿、用过的纸巾、果皮等小垃圾扔到垃圾桶中。

2~3岁:这个年龄段理解力明显增强,可以帮大人拿东西、把玩具放到玩具箱、用自己的汤勺吃饭、简单刷牙、擦桌子等。

3~4岁:可以独立洗手、独立使用马桶、自己穿衣服、将脏衣服放到脏衣筐、用筷子吃饭、把衣服叠起来收好、把书本放到书架上等。

4~5岁:可以给花浇水、扫地、给垃圾桶套袋子、吃饭时帮忙摆放碗筷、把用过的碗筷送回厨房收拾、帮忙提东西等。

5~6岁:扫地、拖地、简单洗碗、独自准备第二天上学的东西、把用过的东西放回原处等。

6~7岁:独立打扫房间、帮妈妈做饭、洗自己的小衣服等。

7～12岁：会做一些简单的饭菜、打扫卫生、晾衣服、整理衣橱等。

>>> 设计"做家务"游戏

将"做家务"转化为一种趣味游戏，可以让孩子们在欢乐中锻炼自己的能力。比如，可以设计一个择菜比赛游戏，妈妈将蔬菜分成两堆，让孩子挑选一堆，而自己则挑选另一堆，然后比一比谁先择完蔬菜。在比赛过程中，父母可以适当放水，让孩子"赢"得比赛，从而享受胜利的喜悦和成就感。

父母还可以创造角色扮演的游戏情境，让孩子扮演清洁工的角色，负责将物品收纳整理。完成后，父母作为"检查员"进行检查，并根据表现给予孩子一定的"报酬"作为鼓励。当家务变得有趣味性，孩子们自然会更愿意参与。

通过这样一次次的"做家务"游戏，孩子们不仅能够体验到游戏的乐趣，还能逐渐养成喜欢做家务的良好习惯。这种习惯的养成，对孩子的成长和发展具有重要的意义，它不仅能够提升孩子的自理能力，还能培养他们的责任感和成就感。

>>> 创造"做家务"环境

父母在引导孩子参与家务时，需要主动为孩子营造一个适合他们"做家务"的环境。比如，可以考虑厨房的洗碗台对孩子来说是否太高，是否需要放置一个小凳子以便他们能够轻松够到；或者思考房间的布局是否便于孩子整理，是否需要重新规划以适应孩子的身高和力量。

做家务确实可能会带来一些麻烦，但父母可以通过一些准备工作来减轻这些麻烦。比如，父母可以先完成家务中较为复杂或危险的部分,降低剩余家务的难度,这样孩子就能更容易地完成他们的任务,从而增强他们的成就感。通过这些小小的调整,孩子们不仅能够安全地参与家务,还能在完成任务后感受到成功的喜悦,这对培养他们的自信心和责任感是非常有益的。

>>> **教孩子掌握做家务的技巧**

当孩子在家务中频繁出现"帮倒忙"的情况时,父母可以耐心地传授给孩子一些实用的做事技巧。例如,当父母正在包饺子,孩子想要帮忙却包出了破皮的饺子时,父母可以现场示范正确的包饺子方法,比如教孩子如何控制馅料的多少,怎样捏紧饺子边,以及如何操作才能让饺子成型。

如果孩子还是无法掌握,父母可以采取手把手的教学方式,逐步引导孩子学习。再比如,孩子帮忙扫地时,如果弄得尘土飞扬且没有扫干净,父母可以示范正确的扫地动作,教导孩子如何把握力度,以及如何更有效地使用扫帚。通过这些具体的指导,孩子一旦掌握了做事的技巧,就能避免再帮倒忙。

我们应该努力为孩子营造一个适合的环境和条件,对他们进行早期的劳动训练。让孩子参与到力所能及的家务活动中,不仅能够培养他们的生活技能,还能让他们从中受益终身。这种能力的培养,对孩子的独立性和责任感的形成至关重要。

● 作业的指导,引导而非监督

"陪娃写作业",这五个字对许多家长来说,简直是"压力山大"的代名词。每天下班后,本想着能好好休息,结果又要面对孩子的作业大战。不写作业时,家里一片和谐;一写作业,家里就鸡飞狗跳,这成了许多家庭的常态。有多少父母,因为催娃写作业的事,气到内伤。催一遍,孩子置若罔闻。催两遍,答应一声,仍然自顾自地玩。第三遍忍不住发火,孩子才慢吞吞掏出课本……刚写了一行字,各种渴了、饿了、要上厕所等戏码就开始上演。

父母"催尽"了心力,可是孩子却越催越不写。原因何在?

当我们一直催孩子写作业时,孩子的大脑感受到的是被命令和被控制。于是,大脑做出的直接反应是"拒绝",而不是"行动"。也就是说,催促收到的结果是本能的抵抗,而且越催孩子越烦,反抗意识越强,根本就不会有什么写作业的主动性和积极性。

当我们谈及孩子的作业时光,往往容易陷入"监督者"的角色误区,却忽略了更为宝贵的"引导者"身份。今天,就让我们一起探讨,如何将作业的监督转变为一场温柔的引导之旅,让孩子在自主与探索中成长。

>>> 监督的陷阱:焦虑与依赖的循环

在当今社会,教育竞争日益激烈,家长们对孩子的学业成绩寄予厚望,这种期望往往转化为对孩子作业过程的严格监督。然而,过度的监督不仅无法达到预期的效果,反而可能陷入一个恶性循环:家长的焦虑情绪不断升级,孩子的依赖心理日益增强。

1. 家长的焦虑

面对孩子的作业,家长常常担心孩子做错、做不完,甚至担心孩子的未来。这种焦虑情绪促使他们不断催促、检查,甚至直接代劳。然而，这种看似负责任的行为，实际上剥夺了孩子自我成长的机会，也让孩子感受到了巨大的压力。

2.孩子的依赖

在家长的严密监督下，孩子逐渐习惯了被动接受指令，缺乏主动思考和解决问题的能力。他们开始依赖家长的检查和纠正，失去了自我评估和改进的能力。长此以往，孩子的独立性和责任感将大打折扣。

>>> 引导的力量：激发潜能，培养责任感

与监督相比，引导是一种更为积极、有效的教育方式。它强调在尊重孩子个性的基础上，通过启发、鼓励和支持，激发孩子的内在动力，培养其独立性和责任感。

1.设定合理目标，培养自我管理能力

引导的第一步是与孩子共同设定合理的学习目标。这些目标应该是具体、可衡量的，并且符合孩子的实际情况和兴趣爱好。在设定目标的过程中，家长要引导孩子学会自我评估，认识自己的优势和不足。并且，鼓励孩子制订详细的计划，包括时间分配、任务分解等，以培养其自我管理能力。

【实例分享】

小明是一个四年级的学生，每次做作业都拖拖拉拉。他的妈妈决定与他一起制定一个"作业时间表"。他们根据作业量和难度，将作业分成几个小块，并设定了每个小块的完成时间。同时，他们还约定了一个"奖励机制"，如果小明按时完成作业，就可以获得一些小奖励。经过一段时间的实践，小明逐渐养成了按时完成作业的好习惯，自我管理能力也得到了显著提升。

2. 提供资源支持，鼓励自主探索

在引导孩子完成作业的过程中，家长要扮演好"资源提供者"的角色。当孩子遇到难题时，不要急于给出答案或批评指责，而是要引导孩子寻找解决问题的途径。可以推荐一些相关的书籍、网站或工具，鼓励孩子自主探索和学习。此外，家长还可以与孩子一起讨论问题，分享自己的经验和见解，激发孩子的思考兴趣和创造力。

【实例分享】

小丽在解一道数学题时遇到了困难。她的爸爸没有直接告诉她答案，而是引导她回顾课堂上老师讲过的知识点，并鼓励她尝试用不同的方法解题。在爸爸的鼓励下，小丽耐心地翻阅了课本和笔记，最终找到了解题的思路。这次经历让她深刻体会到了自主探索的乐趣和成就感。

3. 正面反馈与鼓励，增强自信心

在引导孩子完成作业的过程中，家长需及时给予正面反馈与鼓励。当孩子取得进步或完成任务时，要给予肯定和表扬；当孩子遇到困难或挫折时，要给予安慰和支持。这种正面的反馈和鼓励可以增强孩子的自信心和动力，让他们更加积极地面对学习和生活中的挑战。

【实例分享】

小刚的语文作文一直不太好。他的妈妈每次都会认真阅读他的作文，并指出其中的优点和不足。虽然也会提出一些改进的建议，但更多的是肯定和鼓励。在妈妈的鼓励下，小刚逐渐对写作产生了兴趣，作文水平也有了明显的提高。他开始主动找妈妈分享自己的写作心得和感受，母子之间的关系也因此变得更加亲密和融洽。

>>> **引导的艺术：尊重、理解与共情**

要实现有效的引导，我们需要具备一定的教育智慧和艺术，这包括尊重孩子的个性、理解孩子的需求，以及共情孩子的感受。

1. 尊重孩子的个性

每个孩子都是独一无二的个体，他们有着不同的性格、兴趣和学习方式。因此，在引导孩子完成作业的过程中，家长要尊重孩子的个性差异，避免千篇一律的教育方式。要根据孩子的实际情况和兴趣爱好制定个性化的学习计划和方法，让孩子在轻松愉快的氛围中学习和成长。

2. 理解孩子的需求

孩子在学习过程中会遇到各种问题和困难，他们需要我们的理解和支持。因此，我们要耐心倾听孩子的想法和感受，了解他们的需求和困惑。在与孩子沟通时，要保持平和的心态和开放的态度，避免盲目指责与无端批评。要站在孩子的角度思考问题，给予他们足够的理解和支持。

3. 共情孩子的感受

共情是一种重要的沟通技巧和情感交流方式。在引导孩子完成作业的过程中，我们要学会体会孩子的感受，即设身处地地理解他们的情绪状态和心理需求。当孩子因为作业难题而沮丧时，我们要能够感受到他们的挫败感，用温暖的话语和行动给予安慰；当孩子因为取得进步而兴奋时，我们也要分享他们的喜悦，给予适当的鼓励和肯定。

【实例分享】

小华是一个内向而敏感的孩子,他对数学的恐惧常常让他在学习时感到焦虑不安。一天晚上,他在解一道复杂的数学题时,情绪突然崩溃,大哭起来。小华的妈妈没有立即责备他,而是轻轻地走到他身边,温柔地拥抱了他。她告诉小华,每个人在学习上都会遇到困难和挑战,重要的是要勇敢面对并寻求帮助。在妈妈的安慰和鼓励下,小华逐渐平静下来,重新振作起来,最终成功解决了那道难题。这次经历不仅让小华学会了如何面对挫折,也让母子之间的关系更加紧密。

>>> 引导的实践:从日常做起,持之以恒

引导并非一蹴而就,它需要我们在日常生活中持续不断地实践和努力。以下是一些具体的建议,帮助家长将引导的理念融入孩子的作业指导中:

1. 建立良好的学习习惯

与孩子一起制定固定的学习时间和休息时间,培养规律的学习习惯。创造一个安静、整洁的学习环境,减少干扰因素,让孩子能够专心致志地完成作业。同时,鼓励孩子养成整理书桌、整理书包等良好的生活习惯,这些看似微不足道的细节,实际上对培养孩子的责任感和自律性有着重要的作用。

2. 鼓励自主学习与反思

在孩子完成作业的过程中,鼓励孩子独立思考和解决问题。不要急于给出答案或代劳,而是引导孩子自己寻找解题的思路和方法。当孩子完成作业后,可以与他们一起回顾和总结,鼓励他

们反思自己的学习过程和成果，找出不足之处并制定改进措施。这种自我反思的能力对孩子的长期发展至关重要。

3. 培养良好的阅读习惯

阅读是拓宽孩子视野、增长知识的重要途径。我们可以与孩子一起制订阅读计划，鼓励他们阅读各种类型的书籍和文章。在阅读过程中，我们可以与孩子分享阅读心得和感悟，引导他们思考和理解书中的内容和意义。同时，还可以鼓励孩子写读后感或读书笔记，培养他们的写作能力和思考能力。

4. 关注孩子的情感需求

在引导孩子完成作业的过程中，不要忽视孩子的情感需求。要关注他们的情绪变化和心理状态，及时给予关爱和支持。当孩子遇到困难或挫折时，要给予他们足够的理解和鼓励；当孩子取得进步或成就时，要与他们一起分享喜悦和成就感。这种情感上的支持和陪伴对孩子的成长和发展至关重要。

作业的指导，不仅仅是知识的传授和技能的训练，更是一场关于爱与成长的对话。作为父母，我们应该转变角色定位，从监督者转变为引导者。通过设定合理目标、提供资源支持、给予正面反馈与鼓励，以及尊重、理解和共情孩子的感受，我们可以激发孩子的内在动力，培养他们的独立性和责任感。在这个过程中，我们不仅要关注孩子的学业成绩，更要关注他们的情感需求和心理健康。

让我们携手努力，用引导的艺术点亮孩子的心灵之光，让爱与成长同行在教育的道路上。

● 适当示弱,激发孩子的责任感与自主性

很多父母在孩子面前,都喜欢装成"超级厉害"的样子。他们觉得这样自己在孩子心里才有面子,孩子也会更崇拜他们。而且,他们觉得在孩子面前说自己不行,很没面子,会让孩子觉得他们不可靠,不再相信他们。

但其实,父母有时候不妨说说自己的难处,让孩子知道大人也有做不到的事情,这样反而能让孩子变得更勇敢,更懂得保护父母。就像孩子自己遇到困难会找爸爸妈妈帮忙一样,父母也可以让孩子知道,孩子也可以成为父母的小帮手。这样,家里就会更加温馨,大家的心也会贴得更近。

在《妈妈是超人》第三季中,"猪猪妈妈"邓莎十分坦诚,直言当妈妈最大的"小毛病"就是"有点懒"。节目里,无论大事小事,她都爱让自家儿子帮忙张罗。

记得有一次她要出门拍摄,就跟儿子说:"哎,宝贝,妈妈要出门了,得带点啥?你帮妈妈瞅瞅,给收拾收拾。"儿子一听,小脑袋瓜一转,不光把妈妈的包包整理得井井有条,还非要把心爱的奥特曼也塞进去,说是要"守护妈妈"。更逗的是,他还让妈妈骑上他的小玩具摩托车去"闯荡江湖",出门前那"注意安全"的叮嘱,跟复读机似的说了四遍,满脸都是担心的小表情,可爱极了。

在儿子眼里,邓莎不是那种啥都会的超人妈妈,而是一个需要他帮忙的小伙伴。而小家伙呢,特别喜欢这种感觉,照顾起妈妈来那叫一个得心应手,乐此不疲。

还有一回，邓莎身体不舒服。儿子第一时间就察觉到了，关切地问："妈妈，你是不是哪里不舒服呀？"一听说妈妈不舒服，他立马行动起来，先是拿来好吃的糕点和粥，让妈妈垫垫肚子。接着，又小心翼翼地给妈妈冲药。妈妈嫌药苦，他还变戏法似的拿出巧克力来哄，那贴心劲儿，让人心里暖洋洋的。

父母偶尔展现自己的脆弱面，不仅是在给孩子一个展现自我能力的舞台，更是在无形中教会了他们如何去拥抱他人的情绪，学会包容与理解，在他们的心田播下同情与责任的种子。正如演员霍思燕所分享的，她深知在儿子嗯哼面前适时示弱的力量，这不仅能够触动孩子内心深处的保护欲，还能让照顾与关爱成为他成长路上不可或缺的一部分。

在《妈妈是超人》的温馨片段中，霍思燕与嗯哼共同面对挑战——高台滑梯，她的一句"我有点紧张"，简单却充满了信任与依赖，瞬间激发了嗯哼的小小男子汉气概。他毫不犹豫地回应："我保护你！"这不仅仅是一句承诺，更是他内心责任感与勇气的闪耀。随后，他勇敢地坐在了妈妈的前面，仿佛化身成了守护妈妈的勇士，带着妈妈一同滑向快乐的彼岸。这一幕，不仅让人看到了母子间深厚的情感纽带，更见证了孩子在爱与责任中成长的美好瞬间。

家庭教育中，父母的角色定位与互动方式，对孩子的性格塑造及成长轨迹有着深远的影响。当父母过于强势，事无巨细地为孩子安排一切，丝毫不留余地地要求孩子遵循自己的意愿时，孩子往往会陷入"被动接受"的状态。长此以往，他们可能会逐渐丧失自我决策的能力，自信心受挫，表现出懦弱和自卑的倾向。

这种环境下成长的孩子,往往害怕失败,不敢表达自己的想法,更难以承担起生活中的责任和挑战。

反之,那些懂得适时示弱的父母,则是在以一种智慧的方式促进孩子的成长。他们通过展现自己的不完美和需要帮助的一面,让孩子意识到即使是父母这样的"权威"角色,也有其局限性和脆弱之时。这样的认知不仅不会削弱孩子对父母的尊敬,反而会激发他们内心深处的同情心和责任感。孩子们会开始尝试用自己的方式去帮助父母,解决问题,这个过程中,他们的独立思考能力、自信心及解决问题的能力都会得到显著提升。

更重要的是,父母向孩子示弱,实际上是在给孩子传递一个信息:你是被需要的,你的存在是有价值的。这种被需要感能够极大地增强孩子的自尊和自信,让他们更加愿意并有能力去照顾他人,承担责任。在这个过程中,孩子逐渐学会了独立,学会了如何面对生活的挑战,最终成长为自强自立、有担当的个体。

那么,父母如何向孩子示弱呢?

>>> 有分寸地示弱

父母在向孩子示弱时,需要精确把握示弱的分寸,确保既能够有效激发孩子的责任感和成长动力,又不会给孩子带来过大的压力或误导。过度示弱可能让孩子感觉到一种无形的压力,甚至产生父母软弱、不可靠的错觉,进而损害亲子之间的信任基础。因此,父母在选择示弱的场景和事件时,必须深思熟虑,确保这些任务或挑战既能够激发孩子的潜能,又是他们力所能及的。

例如,下班累了让孩子帮忙倒杯水、感冒时让孩子帮忙拿药、手受伤时让孩子参与一些简单的家务如洗菜等,这些都是既体现了父母的信任与依赖，又充分考虑了孩子的实际能力和心理承受能力的合适场景。在这样的互动中，孩子能够感受到被需要和被重视，从而更加积极地参与到家庭生活中来，同时也能够在实践中学习新的技能，增强自信心和责任感。

相反，如果父母在孩子无法承担的事情上频繁"撒娇"，比如要求孩子解决复杂的财务问题、承担超出其年龄和能力的家务任务等，这不仅不会促进孩子的成长，反而可能让孩子感到沮丧和挫败，甚至对自己的能力产生怀疑。

因此，父母在向孩子示弱时，应当秉持着"适度"和"尊重"的原则，根据孩子的年龄、性格和能力特点来合理选择示弱的时机和方式，确保每一次的示弱都能够成为孩子成长道路上的助力而非阻力。

>>> **有方向地示弱**

父母想要锻炼孩子哪方面的能力，就要在这个方面多示弱，让孩子帮忙解决问题。例如，妈妈想要锻炼孩子画画的能力，就可以故意画一幅丑画，对孩子说："妈妈这幅画用的颜色太丑了，你可以帮妈妈找一个漂亮的颜色吗？"这种方式立刻将孩子置于了一个"小老师"或"小艺术家"的角色中。孩子会因为被需要和被信任而感到自豪，进而产生强烈的参与感和责任感。在帮助妈妈挑选颜色，甚至亲自上手修改画作的过程中，孩子不仅锻炼了色彩搭配和审美能力，还享受到了创作带来的乐趣和成就感。

同样的策略也可以应用于其他能力的培养上。比如，如果父母希望提升孩子的数学思维能力，可以在解决简单的数学问题时假装"卡壳"，邀请孩子来一起思考答案；或者，在组装玩具、修理小物件时，故意表现得有些笨拙，让孩子来主导整个过程。这些看似简单的示弱行为，实际上都是在为孩子搭建展示自我、锻炼能力的舞台。

通过这样的方式，父母不仅能够引导孩子主动学习、探索未知，还能在无形中培养他们的自信心、独立思考能力和解决问题的能力。

>>> 向孩子请教求助

让孩子成为自己的"小老师"，多向孩子请教，能在无形中给予孩子鼓励，让他内心产生成就感和自豪感，变得更自信出色。例如，孩子正在上小学三年级，父母可以经常向他请教一些简单字的读音、算术公式等。这些看似基础的问题，实际上是在以一种非常巧妙的方式肯定孩子的学习成果，激发他们的学习兴趣。这样的行为让孩子意识到，自己并不是一无所知的"小学生"，而是能够教授父母知识、解答问题的"小老师"。这种角色的转变，极大地提升了孩子的自我价值感和自信心，让他们更加愿意主动学习和探索未知领域。

同时，父母主动向孩子寻求帮助，也是在以一种实际行动告诉孩子：每个人都有自己的不足之处，需要不断地学习和成长。这种观念的传递，有助于孩子形成正确的自我认知，明白自我成长的重要性。在面对未来的困难和挑战时，孩子将会更加勇敢地面对，因为他们知道，只有通过不断地学习和努力，才能变得更加强大和优秀。

因此，父母在日常生活中不妨多给孩子一些成为"小老师"的机会，让他们在教授和分享的过程中体验到成就感和快乐。

>>> 向孩子求安慰

父母总是扮演安慰孩子的角色，偶尔也可以向孩子要点安慰。有一位妈妈每天晚上都会和儿子进行一场大人式的对话，比如她会说："今天遇到了一个麻烦的客户，说了很多难听的话，让我很难受，你能安慰我一下吗？"儿子就会抱抱她，或者把自己最喜欢的巧克力拿给她。

这位妈妈的做法，正是亲子关系中一种非常温馨且富有智慧的情感交流方式。通过向孩子展示自己作为成年人也会遇到困难和挫折，需要安慰和支持的一面，她不仅拉近了与儿子之间的情感距离，还巧妙地引导了孩子学会关心他人、理解他人的情感需求。

当孩子看到妈妈因为工作上的不顺心而感到难过时，他的内心会被触动，自然而然地想要为妈妈做些什么来减轻她的痛苦。无论是给予一个温暖的拥抱，还是分享自己最喜欢的巧克力，这些小小的举动都蕴含着孩子对妈妈深深的爱意和关怀。而这样的经历，也会让孩子更加懂得主动关心和体谅他人，培养出一种难能可贵的同理心。

更重要的是，这种适当的示弱还促进了孩子内心的小巨人——责任感和独立性的成长。当孩子意识到妈妈也有需要他帮助和安慰的时候，他会更加明白自己在家庭中的重要地位和作用，从而更加努力地成为一个能够为家庭分担责任、为父母提供支持的"小大人"。

● 放手尝试，允许失败，让孩子自我探索

在这个日新月异的年代，父母们时常会惊讶地察觉到，那个曾经紧紧依偎在我们怀抱中、寻求安慰和保护的小生命，仿佛在一眨眼的工夫，已经蜕变为一个拥有独立思考能力、对未知世界充满无限好奇的小探险家。他们不再满足于遵循我们为他们精心设计的生活轨迹，而是怀着迫切的心情，想要拿起生活的画笔，亲自绘制出一幅属于自己的独特画卷。

面对孩子们这种渴望独立、探索未知世界的转变，我们作为父母，内心难免会涌现出一丝难以言说的失落感。但与此同时，更多的应该是满心的喜悦和欣慰。这不仅仅是一个孩子成长的必经之路，更是他们勇敢迈向成熟的重要标志。

>>> 拥抱成长，从放手开始

成长的真谛，在于勇敢地放手。让我们设想这样一个场景：如果我们始终紧紧地握着孩子的手，不让他们有机会独立迈出那关键的一步，他们将如何学会独立行走，如何理解独立的意义？在现实生活中，如果我们始终不让孩子自己去探索，不让他们自己去体验生活的起伏，那么他们的精神世界又怎能孕育出独立思考的能力和面对困难时的坚韧不拔？

放手，并不是任由孩子在成长的道路上迷失，而是一种经过深思熟虑的决策，一种基于对孩子潜力的信任和尊重的表现。我们坚信孩子们拥有尝试新事物的勇气，拥有犯错并从中学习的权利，更拥有在经历错误后吸取教训、持续学习和成长的能力。放手，是我们对孩子成长最有力的支持，是我们对他们独立能力的

肯定和鼓励。

放手，是我们对孩子们最深的爱，是我们对他们未来最真诚的祝福。我们希望他们能够在自由探索中发现自己的潜力，实现自己的梦想。我们愿意陪伴他们，见证他们从依赖到独立，从探索到成就的每一步成长，即使这意味着我们要忍受一时的不安和担忧。

>>> 尝试的魅力，在于未知的可能

每个孩子都是独一无二的个体，他们有着自己的兴趣和梦想。著名家庭教育专家蔡笑晚的6个子女都非常优秀，在教育的过程中，他对孩子从不过多干涉，更不用父亲的权威强迫孩子。比如，他第四个孩子天润在读中学的时候，金庸的武侠小说正流行，很多孩子都想要去学武术。原本成绩不错的天润也禁不住诱惑，不想念书了，决定要去学武术。蔡笑晚回忆当时的情形，天润给他写了两封决心书，告诉他要放弃读书，去学习武术。他满怀憧憬地说要成为一代武术大师，打败天下无敌手，成为武林第一高手。蔡笑晚说他第一次感到自己的教育哪里出了问题，但他没有直接、粗暴拒绝，而是和天润认真做了沟通。

当他发现天润的决心很大，任何人的劝说都无济于事，便决定答应天润的请求，只是和他约定：天润必须自己承担这个决定的后果。

于是，天润如愿以偿进了武校。没多久，天润就写信回来说，武校和他想象的样子完全不一样。大部分孩子都是因为读书读不好被父母送去的，他们打架、赌博，和他根本不是一类人，他说他想要立即回来读书。

但蔡笑晚没有同意,他在回信中写道:"你既然去了,就得坚持。不能想去就去,想回就回,这是对自己的不负责任。"最后,在蔡笑晚的说服下,天润坚持了一个学期才回来复学。重新回到学校,天润读书很认真,最终考上了华西医科大学。

正如英国哲学家赫伯特·斯宾塞所言:"这条路你必须自己走去。"只有亲身经历,才能深刻理解其中的酸甜苦辣。

>>> **允许失败,是成长的必修课**

在孩子们的人生旅途中,遭遇失败是不可避免的事情。这些失败,并非终点,而是他们积累经验、增长智慧的宝贵机会。它们教会孩子们如何坚持,如何勇敢地面对生活中的挑战和困难。每个孩子都需要亲自踏上这段旅程,去体验那些跌跌撞撞、不断尝试的过程。

这些经历,虽然可能伴随着痛苦和困惑,但它们是孩子们成长的催化剂。它们让孩子们学会在逆境中寻找机会,在失败中发现自身的不足,并从中吸取教训,不断磨炼自己的意志和能力。只有真正经历了失败,孩子们才能更加深刻地理解成功的价值,更加珍惜每一次努力的成果。

作为父母,我们的角色是成为孩子们坚强的后盾。我们的职责是给予他们无条件的支持和鼓励,让他们知道,无论他们遇到什么困难和挑战,无论他们取得什么样的结果,家永远是他们最坚实的依靠,最温暖的避风港。

>>> **不听话,有时也是成长的信号**

面对孩子的反抗和叛逆,家长们可能会感到困惑和焦虑,但这是孩子成长过程中的自然现象。孩子们通过自己的探索和尝试，去理解世界的规则和界限。作为父母，我们的任务是倾听他们的声音，尊重他们的选择，即使这些选择有时与我们的期望不同。

孩子们的反抗和叛逆，其实是他们独立思考和自我表达的一种方式。我们需要理解，每个孩子都有自己独特的成长路径和节奏。作为父母，我们的角色是提供指导和支持，而不是替他们做决定。我们要鼓励孩子们去探索，去尝试，即使这意味着他们可能会犯错或面临失败。

重要的是，我们要让孩子们知道，无论他们的选择如何，家永远是他们最坚实的后盾。我们要给予他们必要的引导，帮助他们理解每个决定的后果，并教会他们如何为自己的选择负责。同时，我们也要给予他们足够的空间，让他们能够自由地成长和发展。

通过这个过程，孩子们将学会如何面对挑战，如何在失败中吸取教训，并从中变得更加坚强和独立。作为父母，我们要相信孩子们的能力，支持他们去追求自己的梦想，去实现自己的目标。我们要成为孩子们成长道路上的引导者和支持者，帮助他们展翅高飞，勇敢地面对生活中的每一个挑战。

>>> **安全教育，为孩子保驾护航**

当然，让孩子自由探索并不意味着我们可以完全放任自流。在孩子们尝试和体验新事物的旅程中，我们作为父母，有责任确保他们了解并掌握必要的安全知识。正如刘墉先生在《人生百忌》一书中，为他女儿精心列举的"出门22忌"，我们也应该向孩子们传授生活中的基本安全规则和自我保护技巧。

这些安全教育不仅包括对潜在危险的识别，还应涵盖在遇到危险时的应对策略。我们要教会孩子们如何在紧急情况下保持冷静，如何寻求帮助，以及如何使用各种安全工具和资源。这样的教育能够帮助孩子们在面对未知和挑战时，能够更加自信和从容。

通过这样的安全教育，我们不仅为孩子们提供了一把保护伞，更为他们的成长之路铺设了坚实的基石。即使孩子们在成长的过程中可能会走一些弯路，犯一些错误，我们也能通过这些教育，最大限度地保障他们的安全，减少他们遭受伤害的风险。

我们要让孩子们明白，自由探索是他们的权利，但安全永远是第一位的。我们要鼓励他们在探索世界的同时，始终保持警惕，学会自我保护。这样，无论他们走到哪里，无论他们面临什么样的挑战，都能够有足够的能力保护自己，平安地渡过每一个难关。

放手并不是为了远离孩子，而是为了让他们更好地成长、更好地相聚。当我们看到孩子在自己的努力下变得越来越优秀、越来越自信时，那种由衷的喜悦和满足感是无法用言语来表达的。

● **自主决策，越早放手，孩子越早独立**

李开复说，"21世纪将是'自主选择'的世纪。在这个时代，每个孩子都将拥有更多的选择。进入社会后，孩子必须选择自己的行业，自己的老板，自己的公司……一个孩子如果长大了还只会背诵知识,听话且被动,什么都等着别人帮他做决定,那他就算不被欺负,也不会被重视。"

李开复的这番话深刻地揭示了21世纪社会对个人自主选择能力的重视。在这个充满机遇和挑战的时代,每个孩子都将面临更多的选择和可能性。他们需要根据自己的兴趣、能力和价值观,选择自己的职业道路,选择与谁合作,选择加入哪个团队或公司。

进入社会后,孩子们将不再像在学校里那样,由老师和家长为他们做出大部分决策。他们必须学会独立思考,学会为自己的选择负责。如果一个孩子长大后,仍然只会机械地背诵知识,缺乏主动性和创造性,那么他很难在竞争激烈的社会中脱颖而出。

一个孩子如果总是被动地等待别人为他做决定,那么他可能会失去很多宝贵的机会和可能性。他可能会被忽视,甚至被欺负,因为他没有展现出自己的价值和能力。相反,那些能够自主选择、勇于尝试的孩子,往往能够获得更多的尊重和重视。

因此,作为父母和教育者,我们应该从小培养孩子的自主选择能力。我们要鼓励他们表达自己的想法和意见,支持他们追求自己的兴趣和梦想。我们要教会他们如何分析问题,如何做出决策,如何为自己的选择承担后果。

我们要让孩子们知道,每个人都有自己独特的价值和潜力。他们不需要盲目跟随别人,也不需要过分依赖别人。他们有能力做出自己的选择,有能力为自己的未来负责。

在养育孩子的过程中,若想让孩子学会做决定,父母要懂得逐渐放权。上幼儿园的时候,可以告诉他们怎么做。上了小学,要适当给他们做决定的机会。到了初高中,授权要随着年龄的增长逐渐增多。等到孩子上了大学,孩子就能完全独立,为自己做主了。

那么,让我们来看看随着年龄的变化,在和孩子有关的事情上,父母和孩子所持有决定权的变化,以及所承担责任的变化。

如下表所示:

年龄段	孩子的决定权	父母的决定权
0~1岁	无决定权	完全决定权
2~3岁	少部分决定权	最终决定权
幼儿园	部分决定权	最终决定权
小学	部分决定权	最终决定权
初中	部分决定权	最终决定权
高中	大部分决定权	最终决定权
大学	最终决定权	建议权

由此可知,父母在孩子事情上的决定权,随孩子年龄增长逐渐减少,相应地,孩子对自己的事情的决定权随年龄增长逐步增加。直到最后,孩子成年,对自己的事拥有最终决定权。

但许多家长在孩子面临选择时,往往难以完全放心。心理学中有一个概念叫"投射认同",它描述了一种现象:父母内心深信孩子缺乏做出正确选择的能力,认为孩子在决策过程中难免会走弯路。这种信念,即使没有直接表达出来,也会在父母的非言语行为中不自觉地流露出来。孩子从出生的那一刻起,就具备了独立个体的所有特征。他们拥有动手做事的能力,拥有思考问题的大脑。我们作为家长，培养孩子的终极目标，是让他们成为能够独立承担责任的人。

因此，我们需要培养一种保护孩子权利的意识，给予孩子充分的尊重，并明确地告诉他们："这是你的权利"，"你有权决定这件事"。通过这样的教育和引导，孩子的权利意识会逐渐建立起来，从无到有，由弱变强，最终学会维护自己的权益。

我们应当意识到，孩子的权利意识不是一蹴而就的，它需要我们在日常生活中不断地培养和强化。我们要通过实际行动，让孩子感受到他们的选择被尊重，他们的意见被重视。我们要鼓励孩子表达自己的观点，即使这些观点与我们的不同，也要给予他们尝试和探索的空间。

随着时间的推移，孩子会逐渐认识到，他们有能力做出明智的决定，他们有权利为自己的选择负责。这种自我认知的形成，将极大地增强他们的自信心和独立性，使他们能够在面对生活的挑战时，更加勇敢和坚定。

那么，哪些事父母可以让孩子自己做决定呢？和孩子有关的"小事"可交给孩子自己安排，如过生日请哪些小朋友，今天穿哪件外套，带奥特曼还是小熊去幼儿园，吃鸡腿还是鸡翅，自己的玩偶要不要送给来家里做客的小朋友，出去玩要不要带滑板车，等等。"大事"给孩子提供参与的机会，如房间的布置，可以和孩子一起筹划设计方案，鼓励孩子提出自己的建议，如果可行，则尽量采纳孩子的建议，让孩子感受到被重视。

另外，在让孩子自己做选择的时候，有以下几条建议提供给大家。

>>> 为孩子提供更多选择

在孩子的成长道路上，促进其身心健康是每位家长不可推卸的责任。为了实现这一目标，我们应避免简单粗暴的否定与命令，转而采取一种更加积极、引导性的方式——为孩子提供更多元化的选择，让他们在适当的范围内学会自我决策，从而培养出独立自主的个性与良好的生活习惯。

具体而言，当餐桌上的时光来临，我们不应仅仅以一句急促的"快点过来吃饭"作为召唤，而应将其转化为一次温馨的选择邀请："宝贝，今天我们的菜单上有营养丰富的水煮蛋，还有香气扑鼻的煎蛋，你更想尝试哪一种来开启你的美味之旅呢？"这样的对话，不仅让孩子感受到了被尊重与重视，还能激发他们对食物的兴趣，进而促进健康饮食习惯的养成。

同样地，在面对孩子沉迷于电视时，直接禁止与呵斥往往难以达到预期的效果，甚至可能引发孩子的逆反心理。此时，我们可以尝试以更加灵活和人性化的方式引导："宝贝，现在是时候让我们的眼睛休息一下，为明天的学习和游戏储备能量了。你是想给自己5分钟的时间，再沉浸一会儿你喜爱的节目，然后自行关闭电视去休息；还是愿意选择10分钟后，由妈妈来提醒你，我们一起制订一个睡前的小计划呢？"这样的提问，既给予了孩子一定的自主权，又巧妙地设定了合理的界限，有助于孩子学会时间管理和自我控制。

总之，为孩子提供更多选择，是在尊重他们个性的基础上，培养其独立思考与决策能力的重要途径。通过这样的方式，我们不仅能够促进孩子的身心健康，还能为他们未来的成长之路铺设坚实的基石。

>>> **孩子在选择时不能存在安全隐患**

在赋予孩子自主选择权的同时，确保他们的安全是每位家长不可忽视的首要任务。安全，作为成长道路上的基石，必须始终被置于决策的核心位置。因此，在引导孩子进行自主选择时，父母须具备敏锐的洞察力与判断力，以预见并规避潜在的安全隐患。

以郊游为例，当面对两条截然不同的路径——一条是宽敞、熟悉且有人迹可循的大道，另一条则是未知、可能隐藏着危险的小径时，父母的角色就变得尤为重要。在此情境下，直接给予孩子选择权可能并非最佳选择，因为年幼的孩子往往难以全面评估每一条路径的安全性与可行性。此时，父母应运用自己的经验和智慧，以温和而坚定的态度，向孩子解释为何选择大路更为稳妥："宝贝，我们来看这两条路，这条大路有很多人走过，所以它很安全，而且路上有标记，不容易迷路。而那条小路我们不知道会有什么情况，可能会有危险哦。所以，为了我们的安全，我们这次走大路好不好？"

通过这样的沟通方式，父母不仅避免了潜在的安全风险，还向孩子传递了安全意识的重要性，教会了他们如何在未来的生活中做出更加明智的选择。同时，这也体现了父母在保护孩子安全的同时，依然尊重他们的意愿，鼓励他们在安全范围内进行探索与尝试。

让孩子自主选择并不意味着放任自流，父母应成为他们成长路上的守护者，用爱与智慧为他们筑起一道安全的防线。

>>> 不要给孩子太多压力

在培养孩子的兴趣爱好时,真正"开明"的父母应当注重营造一个无压力、自由选择的环境。当孩子面临假期兴趣班的选择时,征求他们的意见是至关重要的一步,但关键在于如何以一种非压迫性的方式来进行这一过程。

遗憾的是,有些父母在询问孩子意见的同时,却不经意间施加了过多的外部压力。他们滔滔不绝地讲述英语或数学学习的种种好处,试图引导孩子做出"正确"的选择,而忽略了孩子内心真正的兴趣和热情。这种做法不仅剥夺了孩子自我探索的机会,还可能让孩子在感受到巨大压力后,做出并非出于真心的选择,比如放弃自己热爱的画画或乐高,转而选择父母认为更有价值的课程。

为了避免这种情况,父母应当采取更加开放和包容的态度。在询问孩子兴趣时,可以这样说:"宝贝,假期快到了,我们想给你报一个兴趣班,让你有机会学习新东西。你有什么特别感兴趣的吗?无论是画画、乐高还是其他任何你喜欢的,都可以告诉我们。"通过这样的提问,父母传递了一个明确的信息:孩子的兴趣和选择是被尊重的。

同时,当孩子表达出自己的兴趣时,父母应当给予积极的反馈和支持,而不是立即进行价值评判或试图说服孩子改变主意。例如,如果孩子说想报画画班,父母可以回应:"哇,画画是个很棒的选择,你可以通过画笔表达自己的想象和感受,这真是太棒了!"这样的回应不仅肯定了孩子的选择,还增强了他们的自信心和积极性。

总之，给孩子选择的自由并不意味着放任不管，而是要在尊重孩子兴趣的基础上，提供必要的引导和支持。只有这样，孩子才能在无压力的环境中自由成长，发展出真正属于自己的兴趣和才能。

>>> **不要随意否定，不要出尔反尔**

孩子在做出自主选择时，往往需要极大的勇气和自信。如果父母轻率地否定孩子的选择，不仅会损害孩子的自信心，还可能让孩子感到父母并非真心希望他们参与决策，只是表面上做做样子。这样的经历，可能会导致孩子在未来的选择中失去积极性，采取漠不关心的态度。父母如果给了孩子选择的权利，那么在孩子做出决定后，就应该尊重他们的选择，这样做能够树立起父母守信的良好形象，孩子也会学习到说话算话的重要性。

因此，当我们尊重孩子对自己世界的决定时，孩子就会逐渐培养出自我约束的能力，同时感受到成就感和自我价值，这对他们的成长和未来都是极其宝贵的。

● 建立亲子边界，让你和孩子都轻松

许多父母常常感叹，他们为了孩子不辞辛劳，从早到晚忙碌不已，所做的这一切都是为了孩子的将来，然而孩子们却似乎并不感激，甚至经常与父母发生冲突。他们可能没有意识到，这种状况很可能是由"边界感"的缺失所导致的。在亲子关系中，边界是指父母与孩子之间应有的分界，即孩子的个人事务应由孩子自己处理，而父母的生活也不应被孩子过度介入。

打个比方,就像你和邻居一起建造房屋,两者之间必然存在一堵墙,这堵墙划分了你的地界和邻居的地界。在家庭关系中,父母与孩子之间的这堵"墙",就是教育中的边界线。

这堵墙的存在,既保护了父母的个人空间,也给予了孩子成长所需的自由和责任。当边界清晰时,每个家庭成员都能在自己的空间内健康成长,相互尊重,而不至于过度干涉对方的生活。

缺乏边界感的父母在孩子年幼时,往往忽视了孩子逐渐形成的独立意识和感受。他们不给孩子自主做决定的机会,总是把自己的意愿强加给孩子,坚信孩子的一切都应该由自己来掌控。当孩子进入青春期,这类父母可能会进一步侵犯孩子的隐私,比如不经允许就翻看孩子的日记。一旦被孩子发现,他们也不愿意承认自己的错误,反而以"为了孩子好"为借口来辩解。

即便孩子已经成年,没有边界感的父母仍旧会试图控制孩子的生活决策,包括选择什么样的工作、与谁建立恋爱关系、和谁步入婚姻的殿堂,甚至是在婚后是否要孩子、是否生育第二个孩子等。他们对每一个问题都过度操心,却没有意识到自己的这种行为已经给孩子带来了沉重的压力,甚至可能引发孩子的反感和厌恶。

这种过度的干涉和控制,不仅剥夺了孩子自主成长的机会,还可能破坏亲子之间的信任和和谐。父母应当意识到,随着孩子的成长,他们需要逐渐放手,尊重孩子的个性和选择,这样才能帮助孩子建立起独立的人格和自信,最终成为一个能够自我负责的成年人。

在电影《囧妈》中,徐峥饰演的徐伊万拥有一个对他关怀备至的母亲。在火车旅途中,母亲不断地为他准备各种养生饮品,从红豆水到绿豆水,再到薏米水——一杯接一杯地递给他,仿佛要将所有的关爱都倾注在这一杯杯的水中。即使在徐伊万忙碌地打电话时,母亲也不忘将小番茄一颗接一颗地塞进他的嘴里,上一颗还未完全咀嚼,下一颗已经迫不及待地送到了他的嘴边。虽然徐伊万表面上忍受并接受了这一切,但内心深处,他却在火车经过的某个瞬间,不满地将小番茄偷偷丢出了窗外,以此发泄心中的郁闷。

这种无微不至的母爱,虽然出自母亲对儿子深沉的爱,却让徐伊万感到窒息和束缚。他的生活被这种过度的关爱所控制,以至于他在与妻子的关系中也重复了这种模式,最终导致妻子无法忍受,提出了离婚。这种没有边界的爱,让徐伊万在情感上感到痛苦和挣扎。

心理学家海灵格说,家庭中的每个成员都应扮演好自己的角色,如果角色乱了,家庭就会隐藏危机。父母没有边界感,会严重影响孩子自我意识的发展,就算孩子长大成人也不懂得保护自己的权益,不会拒绝别人。同时,也会导致孩子没有独立思考的意识,缺乏做决定的果断,遇到挫折很可能一蹶不振。而且,父母无边界地干涉孩子,控制孩子,孩子不仅不会感恩,还会想要逃离,或者对父母充满怨气,父母则觉得委屈和不值得,亲子关系由此变得紧张。

心理学家武志红曾说,很多的中国家庭,正是因为父母与孩子之间缺乏边界感,导致幸福感不强。那么,如何在亲子关系中建立边界感?

>>> 不过分亲密

在《新生日记》中，张亮以幽默的方式描述了与女儿之间的亲密关系，他笑称女儿喜欢整天黏在他身边，但同时他也严肃地指出，亲子之间的亲密应该有界限。他明确表示，与女儿表达爱意时，应该避免亲嘴，而选择亲额头、头发或手背这样的方式。这样的亲子关系，既亲密又适度，体现了爱的正确分寸。

没有分寸的爱可能会导致一些不当的行为，比如孩子已经十几岁了，却仍然和父母挤在一张床上睡觉，或者母亲还在帮十几岁的儿子洗澡。这些行为在孩子年幼时可能看起来无害，但随着孩子逐渐长大，它们可能会让孩子感到尴尬，甚至可能对孩子的性别观念和人际关系产生不良影响。

中国有句古话："儿大避母，女大避父"，这强调了异性父母和孩子之间应该建立适当的边界意识。父母需要根据孩子的年龄和成长阶段，调整与孩子的亲密程度，保持适当的距离。这种"分离"并不是要削弱亲子关系，而是一种更为理性和成熟的爱的表现。

随着孩子的成长，他们需要学会独立，学会自我照顾，这包括自己洗澡、穿衣等日常生活技能。父母的角色逐渐从直接照顾者转变为指导者和支持者，帮助孩子建立自我意识和自我尊重。

同时，父母也应该通过自己的行为来示范如何建立和维护健康的人际关系。这包括尊重他人的界限，以及在表达爱和关怀时保持适当的方式和度。通过这样的教育和示范，孩子能够学习到如何在社会中建立适当的人际边界，形成健康的社交习惯。

>>> **教孩子隐私的概念**

父母在孩子成长的早期阶段就应该开始教育他们关于隐私的重要性。首先，父母需要向孩子灌输性别差异的概念，让他们理解在与异性交往时要保持适当的界限和尊重。这包括教会孩子认识男女之间在生理和心理上的差异，学会在社交互动中保持适当的分寸。

其次，父母需要教育孩子关于身体部位的隐私。要明确告诉孩子，某些身体部位是私密的，比如穿着小背心和小内裤覆盖的部位，这些部位不应该被暴露给他人看，也不应该允许别人触摸。这是对孩子自身安全和尊严的基本教育。

此外，父母还要教育孩子，上厕所、洗澡或换衣服等行为属于个人隐私，需要在私密的环境中进行，不应该让别人观看或打扰。这有助于孩子建立起对自己隐私的尊重，同时也学会尊重他人的隐私。

通过这些教育，孩子可以学会保护自己的隐私，同时也学会尊重他人的隐私。这种教育不仅限于家庭环境，也应该在孩子进入学校和社会后继续进行，以确保他们能够在不同的社交环境中正确地处理个人隐私问题。

父母在进行这些教育时，应该采用开放和坦诚的态度，鼓励孩子提问，并以孩子能够理解的方式回答他们的问题。这样可以帮助孩子们建立起正确的隐私观念，为他们成长为有责任感和尊重他人的成年人打下坚实的基础。

>>> **尊重孩子的各种权利**

孩子是独立的个体，他们的权利和意愿应当得到父母的尊重和保护。父母在处理孩子的私有物品，如书本、玩具等时，应该避免在孩子不知情的情况下将它们送给他人。这种行为可能会让孩子感到自己的权益被忽视，甚至感到被背叛。

父母应该教育孩子关于分享的重要性，但同时也要尊重孩子的选择，不要强迫他们分享不愿意分享的东西。分享是一种美德，但它应该建立在自愿和快乐的基础上，而不是压力或强制。

在与孩子相关的决策过程中，父母应该尽量征求孩子的意见，尤其是当这些决策直接影响到孩子的利益时。让孩子参与决策过程，可以帮助他们学习如何做出选择，并培养他们的责任感和自主性。

同时，父母需要教育孩子关于物品所有权的概念。要让孩子明白，有些东西是属于他们自己的，比如他们的个人物品和空间，而有些东西则属于别人。教育孩子在使用别人的东西之前，必须先征得对方的同意，这是一种基本的礼貌和尊重。

反过来，如果有人想要使用孩子的东西，也应该要求他们征得孩子的同意。这不仅是对孩子所有权的尊重，也是在教育孩子如何尊重他人的财产。

通过这样的教育，孩子可以学会尊重他人的财产和隐私，同时也学会维护自己的权利。这种相互尊重的环境有助于孩子构建健康的人际关系，并培养他们的社会责任感。

第七章

超越分数
——全面评价孩子的成长

● **成绩非唯一,注重孩子的全面发展**

　　在孩子成长的征途上,不少家长对孩子的学习成绩抱有极高的期望和焦虑。当孩子在一次数学考试中未能取得理想成绩时,家长们便感到如临深渊,忧心忡忡地想:"这下糟了,孩子的数学能力似乎不够强,将来的升学考试怎么办?如果不能进入一所好大学,孩子的整个人生不就毁了吗?"于是,家长们开始夜以继日地寻找提高孩子数学成绩的策略,第二天一大早就四处打听优秀的补习班,中午时分便急不可耐地为孩子报名并支付了费用。

　　家长们常常不自觉地将学习成绩作为评价孩子是否优秀的唯一标准。在他们看来,成绩不佳似乎预示着孩子未来的黯淡无光。但事实上,学习成绩仅仅是孩子在特定学习阶段成果的一种反映，它并不能完全代表孩子的综合能力，更不能决定孩子一生的命运。

俞敏洪曾强调："分数对孩子来说确实重要，但分数低并不意味着孩子没有出息。人的成长是一生的旅程，绝不会仅仅由小学、中学的考试成绩来决定。家长们，是时候改变你们对成功的看法了。"

在电视剧《家有儿女》中，刘星的成绩常常位于班级的末尾，每次考试结束后，同学们的嘲笑声总是不绝于耳。然而，刘星的父亲夏东海却有着不同的看法。他深知，尽管刘星在学习上的表现不尽如人意，但他身上却有着许多难能可贵的品质。

刘星以其亲和力和友善的性格赢得了同学们的喜爱和欢迎。他的热心肠和乐于助人的精神，使他在朋友中备受尊敬。此外，刘星还拥有出色的沟通能力和组织才能，这些都是他在社交场合中能够自如应对的关键。

夏东海的态度提醒我们，学习成绩并不是衡量一个孩子是否优秀的唯一标准。一个孩子的全面发展包括了情感、社交、创造力、领导力等多方面的能力。这些能力同样重要，甚至在某些情况下，比单纯的学习成绩更能影响一个人的未来。

因此，面对孩子的成绩，父母应该首先调整自己的心态，不要过分强调分数。父母应该鼓励孩子发现自己的兴趣和特长，支持他们在自己擅长的领域发展。同时，父母也应该教育孩子学会面对失败，从挫折中吸取教训，培养坚韧不拔的精神。

>>> 分数并没有家长们想象中那么重要

网上曾流传一个女孩在国外给国内的父母写的信，她写道：

"爸爸妈妈，我在美国挺好的，最近还交了个男朋友。他虽然只有初中毕业，没有工作，但是没关系，我可以向同学借钱给他用。他比我大19岁，他对我像对女儿一样，我很喜欢这种感觉。他有时候不开心了会打我，但我不怪他的，因为总是我先惹他生气的。他喜欢滑雪，我们上周一起去滑雪，他把我拉上了黑道，摔断我的两条腿。所以，我现在是躺在医院的病床上给你们写的这封信……

"好了，其实前面说的都没有发生，我在美国一切都好，没有交男朋友，身体也很好，只是这学期有一门功课没有及格。"

可以想象，父母读完这封信，一颗心是如何从悬得惊心动魄，再到落地的。

如果女孩一开始就说"爸爸妈妈，我这次挂科了。"父母会有多愤怒。而现在，相比那些交了男友、摔断了腿等事，成绩不及格简直不算什么。

在孩子的成长旅程中，他们不可避免地会遇到各种各样的困难和挑战。然而，我们需要认识到，成绩不佳远没有我们想象中那么严重。尤其是当它与孩子的健康问题、意外伤害及道德修养相比较时，成绩的不足简直可以说是微不足道。因此，对那些关乎孩子生死、可能影响他们一生的重大问题，父母们感到忧虑和紧张，甚至夜不能寐，这是情理之中的事情。

然而，对那些对孩子未来影响较小、可以通过适当措施逆转或减轻其影响的问题，比如孩子偶尔的考试成绩不理想，我们固然需要给予足够的关注，并积极寻找解决办法。但是，我们大可不必因此过度焦虑，以至于失眠熬夜。在这些情况下，保持平和的心态，理性地引导孩子克服困难，才是更为明智的选择。

>>> 深入了解成绩不佳的真正原因

有些家长倾向于直接将孩子的学习成绩不理想归咎于智商问题，这种看法实际上是一种普遍的误解。实际上，学习成绩的差异往往与大脑中所储存和加工的信息量有关，而并非单纯由智商高低决定。成绩的好坏并不完全由智力水平单一因素所左右，它还受到众多外部因素的共同作用。

举例来说，有的孩子之所以成绩不佳，可能是因为家长给予的期望值过高，导致他们承受了巨大的压力。当这些孩子的成绩未能达到预期时，家长所表现出的焦虑、愤怒甚至是失望等负面情绪，不仅无法解决问题，反而会进一步加重孩子的心理压力，形成一种不利于学习的恶性循环。此外，还有一部分孩子之所以成绩不理想，是因为他们尚未找到适合自己的学习方法和节奏，这导致了他们的学习效率不尽如人意。

因此，我们不能简单地将成绩问题归咎于智商这一单一因素，而应该从更全面的角度去理解和帮助孩子，认识到影响学习成绩的多元因素，并采取相应的措施来改善和提升。

>>> 发掘分数之外的潜能与优势

父母的思想观念对孩子成长的影响不可小觑，当父母持有"成绩不佳就意味着未来无望"的看法时，孩子们在不知不觉中会受到这种思想的影响，进而可能自视为无价值的人。因此，父母必须对成绩有一个清晰而正确的理解，不应将成绩与其他能力混为一谈。

中国公安大学的李玫瑾教授曾经提出："智力是人与生俱来

的，当父母观察到孩子在某个学习领域不占优势时，他们应该转而探究孩子是否拥有其他方面的优势。"面对孩子在学习成绩上的不足，父母除了探索提升成绩的途径，更应挖掘孩子身上的其他才能。这样做一方面能够帮助孩子重建自信，弥补他们在成绩不佳时所失去的自信；另一方面，也能让父母更深入地了解孩子的潜能和优势，从而为他们未来的成长路径提供正确的指导。

林清玄先生也曾有过这样的论述："如果孩子的成绩不够顶尖，我们也不应放弃他们。因为每个孩子都是独一无二的，就像不同的植物适合不同的土壤，山坡地适合种植竹笋、香蕉，沙质土壤适合西瓜和哈密瓜，而泥泞的土地则适合种植芋头，不同的植物需要不同的生长环境，世界并非只有一种形态。"每个孩子都像是等待找到合适土壤的种子，父母应当学会全面而多元地培养孩子，不应仅因成绩不佳就给孩子贴上失败的标签。我们要相信，只要给予适当的土壤和环境，每个孩子都能茁壮成长，展现出自己的光彩。

7至17名的启示，成绩背后的成长更重要

在这个竞争激烈的时代，家长们对孩子的学习成绩往往寄予了极高的期望。然而，著名作家林清玄在杭州一所小学的课堂上，却提出了一个颠覆性的观点："如果你的孩子是第1名，那就别让他那么努力，轻松后退到7至17名，那才能成功嘛。如果你的孩子是后几名，那就让他努力进到前17名里面。"这番话，犹如一石激起千层浪，引发了我们对教育方式的深思。

林清玄为什么会有这样的看法呢？他阐述了自己的见解，指出那些在全球舞台上大放异彩的杰出人物，往往并不是在学校时期的顶尖学生。这些未来的社会精英，在班级中的排名通常位于第 7 名到第 17 名。处于这个排名区间的孩子们，由于没有承受过重的学业压力，他们的生活相对而言更加轻松自在，这样的环境反而激发了他们更多的创造潜能和人际交往的能力。他们既能够与成绩优秀的同学建立起深厚的友谊，也能够和成绩相对落后的同学相处融洽，打成一片。这种跨成绩阶层的交往能力，正是他们未来成功的重要基石。

我们必须承认一个事实，那就是要想在学业上拔得头筹，孩子们需要投入极大的时间和精力。那些被称作尖子生的孩子们，往往在放学回家后还要继续学习额外的课程内容，或者沉浸在无尽的习题海洋中。他们通常对分数有着极高的重视，或者在父母的期望和压力之下，对成绩的追求变得异常极端。这些孩子的世界里，成绩成了唯一的焦点，他们害怕失去那第一的宝座，因此很少会将注意力放在班级的其他事务上，也很少真正关心周围的人。在这样的情况下，他们的情商往往没有得到足够的培养和提升。

相比之下，那些成绩位于中上游的孩子们，他们的生活画卷则显得更加绚丽多彩。他们不需要承受沉重的学习负担，也不会因为成绩不够顶尖而感到自卑。这些孩子们拥有更多自由的时间和能力去探索世界的无穷奥秘，去广泛地吸收知识的养分。在班级的大家庭中，他们表现得更为轻松自在，更加容易将目光投向他人，对班级的大小事务也表现得更为热情和积极。这种在人际交往中的自如和能力，对他们未来在社会中的成功至关重要，其价值远远超过了学校时期的那一纸分数。

这些孩子们还有一个显著的共同点，那就是他们拥有旺盛的精力。在学校的学习生活中，他们只需投入一部分精力就能应对，而剩余的时间则被用来探索那些与课本知识无关的领域，比如沉浸于各种书籍的广泛阅读，或者是在日常生活中学习如何与父母进行智慧的交流，如何与朋友们建立和谐的关系。这些看似与学习"不搭边"的技能，实际上却是他们将来踏入社会后极为珍贵的财富。这些经历和能力，将在他们未来的生活和工作中发挥不可估量的作用。

一位在业界颇具声望的人力资源经理也分享了他的观察，基于多年的招聘经验，他发现那些在学生时代成绩处于中上等水平的孩子，特别是那些兴趣广泛、对学习持有积极态度的孩子，在步入职场后往往更有潜力取得显著成就。他们的综合素质和多样的兴趣不仅为他们的职业生涯增添了色彩，也为他们在不同领域的创新和适应能力打下了坚实的基础。

因此，作为家长，我们除了关注孩子的学习成绩，更应该给他们一些自由的空间，让他们去体验生活的多彩。曾经的著名央视主持人白岩松在谈论教育孩子时，表示他并不十分看重孩子的成绩，而是愿意在兴趣方面给孩子更多自由。有一次，儿子想熬夜看球赛，但第二天有课，白岩松居然答应了。他不认为孩子看球是瞎看、没用。比如，在一次比赛中，儿子喜欢的曼城队在最后3分钟，连进两个球，成功逆转了1：2的劣势，创下奇迹，拿到冠军。他认为，没有什么能比这更能让孩子感受不放弃的精神了,这是课堂上给不了的。那次看球赛也是夜里,但白岩松相信儿子第二天听课一定会更认真。

所以,别再逼孩子把所有的时间和精力都用在学习上,我们要关注孩子的全面发展。以下是一些值得我们关注的方面。

>>> **关注孩子的身体健康状况**

孩子拥有一个强健的体魄,对他们的日常学习和生活至关重要。在当前教育环境下,孩子们面临着日益增长的学习任务,这无疑对他们的户外活动时间构成了挑战。他们本应自由奔跑在操场上,享受阳光和新鲜空气的时光,却常常被繁重的作业和补习课程所取代。

更令人担忧的是,孩子们在长时间学习过程中,往往会不自觉地采取不良姿势,如趴在桌子上写字,或是长时间保持扭曲的坐姿听课。这些不良习惯如果得不到及时纠正,不仅可能对孩子的视力和体重造成负面影响,还可能引发脊柱侧弯、肌肉紧张等健康问题。

作为家长,我们有责任关注并改善孩子的身体健康状况。我们应该意识到,健康的身体是孩子学习和生活的基础,也是他们未来能够持续发展和实现梦想的前提。因此,我们需要在孩子的日常生活中,有意识地安排和鼓励他们参与各种户外运动。

在周末或是放学后的空闲时间,我们可以带孩子去公园骑自行车,沿着河边散步,或是在山上徒步。这些活动不仅能够锻炼孩子的身体,增强体质,还能让他们有机会亲近大自然,呼吸到清新的空气,享受户外的乐趣。

通过户外运动,孩子们可以在大自然的怀抱中释放压力,开阔视野，培养对环境的感知和欣赏能力。同时，这些活动还能促进孩子们的社会交往能力，教会他们如何与他人合作，如何在团队中发挥作用。

此外，户外运动还能激发孩子们的好奇心和探索精神，让他们在实践中学习新知识，发展解决问题的能力。这些经历和技能将对他们的个人成长和未来的学术及职业生涯产生深远的影响。

总之，作为家长，我们应该积极采取措施，确保孩子们能够在忙碌的学习生活中，找到时间参与户外运动，享受健康的生活方式。通过这样的方式，我们不仅能够帮助孩子们强健体魄，还能促进他们情操的培养和身心的全面发展，为他们的未来打下坚实的基础。

>>> 关注孩子的心理变化

青春期是孩子成长过程中一个极为重要的阶段，这一时期的孩子心理状态尤为敏感和多变。他们正经历着身体和心理的快速变化，对自我认识和外界环境的适应都面临着挑战。因此，我们需要以更加细心和耐心的态度，来观察和引导青春期的孩子。

首先，我们应该成为孩子最可信赖的倾听者。在孩子愿意分享自己的感受和困惑时，我们应该给予充分的关注和理解，而不是急于给出解决方案或批评。通过倾听，我们可以更好地了解孩子的内心世界，发现他们可能遇到的问题。

其次，我们需要细心观察孩子的行为和情绪变化。青春期的孩子可能会有情绪波动、社交困扰或学业压力等问题。我们应该留意这些变化，并在必要时提供适当的支持和干预。例如，如果孩子表现出焦虑或抑郁的迹象，我们应该考虑寻求专业的心理咨询帮助。

此外，我们应该鼓励孩子参与各种活动，包括体育活动、艺术创作和社会服务等。这些活动不仅能够帮助孩子释放压力，还能够提高他们的自信心和社交能力，帮助他们更好地适应社会。

我们还应该教育孩子如何管理自己的情绪和冲动。青春期的孩子由于荷尔蒙的变化，可能会有情绪失控或冲动行为。我们可以通过角色扮演、情绪日记或情绪管理训练等方式，帮助孩子学会识别和管理自己的情绪。

最后，我们应该与孩子建立开放和诚实的沟通渠道。这意味着我们需要尊重孩子的观点和感受，避免一味地说教或批评。通过开放的沟通，我们可以更好地理解孩子的需求，同时也能够传递给孩子正确的价值观和生活技能。

>>> **关注孩子和朋友的相处情况**

在孩子的成长旅程中，建立和维护友谊是一项至关重要的社交技能。我们作为家长，应该密切观察孩子是否有几个亲密的好朋友，以及他们是否能够与这些朋友和谐相处。这种观察不仅能帮助我们了解孩子的社交状态，还能让我们及时发现并解决可能出现的社交问题。

对那些性格活泼外向、喜欢结交朋友的孩子，我们应该鼓励他们将友谊延伸到家庭环境中。我们可以邀请孩子的小朋友到家里做客，为孩子创造一个安全、舒适的社交场所。在这样的环境中，孩子可以学习如何待人接物，如何与人分享，以及如何成为一个好主人。这些技能不仅能够增强孩子的社交能力，还能培养他们的责任感和独立性。

对性格较为内向的孩子，他们可能在社交场合中感到不自在或害羞。这时，我们需要更加耐心和细心地引导他们。我们可以多带孩子参加各种社交活动，如故事会、联欢活动、社区集会等。这些活动不仅能够让孩子在轻松愉快的氛围中接触更多的人，还能帮助他们逐步克服社交恐惧，增强与人交往的信心。

在参加社交活动的过程中，我们可以教导孩子如何倾听他人、如何表达自己的观点、如何尊重不同的意见。这些社交技巧对孩子未来的人际关系和职业发展都有着深远的影响。

此外，我们还可以与孩子一起参与活动，作为他们的榜样，展示如何与人建立联系和维持友谊。通过共同参与，我们可以更好地理解孩子的社交需求，同时也能够加强亲子关系。

● 管得越多，孩子成绩可能越差

在许多家庭中，父母对孩子学习成绩的重视程度往往与他们的焦虑情绪呈正相关。面对孩子成绩不佳的情况，不少父母选择牺牲自己的职业生涯，回家全心投入孩子的学习管理中。他们或许认为，通过近距离的监督和辅导，能够激发孩子的学习热情，提高他们的学习成绩。

然而，现实情况往往并非如此。有些孩子在父母的全程陪伴下，反而对学习表现出一种懒散的态度，对待作业和考试只是敷衍了事。这种现象的出现，值得我们深思其背后的原因。

尹建莉老师曾说："人的天性都是追求自由的，任何被孩子所热爱的事情，一旦变成一项被监督完成的活计，让人感到不自由时,其中的兴趣就会荡然无存。"没有兴趣,缺乏学习的主动性和热情,成绩自然好不到哪里去。

但也有另外一种情况,孩子比较听话,父母的监督和管教在短时间内起到了正面作用。比如,一位任小学班主任的妈妈从小就非常重视儿子的学习,把他安排在自己班里,每天看着他学习,对他严格要求。果然,整个小学阶段,儿子的成绩一直名列前茅。升入初中,虽然妈妈陪着儿子上网课,陪着预习、复习,但慢慢力不从心。升入高中,她彻底帮不上儿子的忙了。而离开了她的帮助,儿子的学习一团糟,成绩直线下降。因为她管得太多,儿子独立学习的能力几乎为零。

监督和管制只会让孩子失去学习兴趣,学习成绩越来越差。尤其是一些父母因为很害怕孩子输在起跑线上,从小在孩子学习方面介入较多,整天盯着孩子的学习,不肯放松一点,结果导致孩子过早耗尽了学习的热情。而当父母发现孩子的成绩和预想的不符,甚至渐行渐远,对他们的管教和介入会越来越多,越来越严格,从而陷入恶性循环,使得孩子学习的热情彻底熄灭。

"不管"其实是一件比"管"更难做到的事。因为爱让父母不敢放弃自己管教的责任,同时担心自己的不管会对孩子的未来带来不可逆的影响。但适当的不管,才能让孩子把学习当成自己的事。这里的不管,并不是不管教,而是日本作家岸见一郎在《不管教的勇气》一书中,所写的"不管教让父母放弃掉那些更为任性、自私、非理性的教养方式。"这本书里有一个标题让人看了很有感触,是第二章的一个小节:"一开口就谈学习成绩的父母肯定很烦人吧。"可见,对孩子的学习关注越多,越会让你成为一个不受欢迎的父母。相反，如果你愿意放手，鼓励孩子自己去处理学习上的困难和问题，孩子学习的能力不仅能得到提高，也能体会到更多学习的乐趣。

在豆瓣上，一位妈妈的做法受到了父母们的广泛赞誉。这位妈妈从孩子上学开始，就决定把学习这件事交给孩子自己，自己尽量少插手。即便是老师要求检查和签字的作业，她也只负责签字，而要求孩子自己检查。她对孩子说，妈妈也有自己的事情要忙，而学习是你的事，你必须自己负责。老师留作业的目的，就是让你检查自己哪些地方还没掌握，有错误没关系，只要改正并弄明白就行。

有时候看到孩子作业本上的叉子，妈妈心里也很难受。但她仍然安慰孩子说，这可是你的真实成绩，全对的那些同学有的可能是爸爸妈妈的功劳，光是这一点，你就值得表扬。再说，有错才能让老师了解你的学习情况，也让你自己了解哪些知识还没掌握牢，这样你才能进步啊。

在妈妈的鼓励下，孩子查漏补缺的能力得到很大提高，对学习中遇到的问题也会主动去解决，和老师沟通解决问题的能力也提高了。

数学家华罗庚曾说："自学，就是一种独立学习、独立思考的能力。"自学能力的培养最能体现孩子的主体作用。教孩子学习的目的就是让孩子学会自学，那么，父母应该如何培养孩子的自学能力呢？

>>> **给孩子自主学习的自由**

在孩子的成长过程中，培养他们的独立性和自主性是至关重要的。我们作为家长，应该引导孩子学会自我管理，制订自己的学习计划，而不是仅仅依赖于家长的安排和指导。当孩子每天放学回家，如果只是被动地听从家长的安排，何时写作业，何时玩耍，这不仅会限制他们的自主发展，还可能形成一种不利于学习的氛围。

孩子需要学会如何安排自己的时间，平衡学习和休闲。这种自我管理的能力，是他们未来适应社会、独立生活的基础。父母的角色应该是引导者和支持者，而不是控制者。我们应该鼓励孩子积极地参与到自己生活和学习的决策中来，让他们有机会根据自己的兴趣和需求来做出选择。

放手让孩子自己做决定，并不意味着放任不管。我们可以通过以下几个方面来培养孩子的独立自主意识。

共同制定规则

与孩子一起讨论和制定学习时间和休闲时间的安排，让孩子参与到决策过程中，感受到自己的意见被重视。

提供选择

在孩子的学习和生活中提供多种选项，让他们在几个可行的方案中做出选择，这样可以增强他们的决策能力。

鼓励自我反思

引导孩子定期反思自己的学习和生活安排，思考哪些地方做得好，哪些地方需要改进，从而培养孩子自我评估和自我调整的能力。

设置目标和奖励

帮助孩子设定短期和长期的学习目标，并为实现目标设定奖励,这样可以激发他们的内在动力。

培养责任感

让孩子明白自己的选择和行为会带来相应的后果,从而培养他们的责任感。

提供资源和支持

为孩子提供必要的学习资源和情感支持,让他们在自主学习的过程中感到自信和安全。

逐步放手

随着孩子年龄的增长和能力的提升,逐步减少对学习细节的干预,让孩子有更多的自主权。

通过这些方法,我们可以帮助孩子逐渐建立起独立自主的意识,培养他们成为能够自我管理、自我驱动的个体。这样的能力对他们未来在快速变化的社会中立足和成功至关重要。

>>> 相信孩子自己能够学好

父母的信任能够为孩子提供一种内在的力量,让他们相信自己有能力学好,有能力面对学习中的各种挑战。这种信任不仅给予孩子心理上的支持,更赋予他们行动上的自主空间。当孩子感受到父母的信任时,他们会更加自信地探索未知,更加主动地学习新知识。

要真正激发孩子的求知欲和学习动力,父母需要做到以下几点:

倾听和理解:花时间倾听孩子的想法和需求,理解他们的兴趣和困惑,这是建立信任的第一步。

表达信任:明确告诉孩子你相信他们能够学好,这种正面的心理暗示能够极大地鼓舞孩子的士气。

鼓励自主学习：让孩子参与制订学习计划和目标，鼓励他们独立思考和解决问题，培养他们的自主学习能力。

提供资源和支持：为孩子提供必要的学习资源和环境，支持他们的学习探索，让他们感受到学习是一件有趣和有价值的事情。

庆祝成就：无论大小，都要认可和庆祝孩子的学习成就，这能够增强他们的成就感和自信心。

允许犯错：让孩子知道犯错是学习过程的一部分，鼓励他们在犯错后能够反思和学习，而不是害怕和逃避。

身体力行：作为父母，通过自己的行为展示如何面对挑战和克服困难，孩子会从父母的态度和行为中学习到如何自信和坚韧。

保持耐心：每个孩子的学习节奏不同，父母需要保持耐心，相信孩子能够在自己的时间内取得进步。

通过这些方法，父母可以有效地传递对孩子的信任和支持，帮助孩子建立起积极的学习态度和自信心。父母相信孩子自己能够学好，不仅是对孩子能力的认可，更是对他们未来成功的重要投资。

>>> **对孩子的进步及时给予表扬**

在孩子的成长旅途中，父母的鼓励和表扬是激励他们不断前进的宝贵动力。孩子的每一个小进步，都值得被看见和肯定。这种及时的正面反馈，不仅能够让孩子感受到成功的喜悦，还能增强他们继续努力的动力。

孩子们的认知能力和心理承受力还在逐步发展中。因此，父母在对孩子提出期望时，应该考虑到孩子的实际能力，避免设置过高的标准，以免孩子因无法达到而感到挫败和沮丧。学习是一个循序渐进的过程，需要耐心和时间。

同时，父母在孩子犯错或表现不够完美时，应该避免使用负面语言，如责怪孩子笨拙或呵斥孩子无能。这些负面的标签和评价可能会对孩子的自尊心和自信心造成长远的伤害。相反，父母应该用理解和包容的态度来对待孩子的不足，鼓励他们从错误中学习，从失败中站起来。

父母及时的肯定和鼓励，对培养孩子的自信心和自我价值感至关重要。这种积极的家庭氛围能够让孩子感受到被爱、被尊重，从而更加自信地面对生活中的各种挑战。

"不管"并不是指放任孩子自由发展，而是指父母应该避免过度干预和控制。科学的教育方式是在给予孩子必要的自由空间的同时，有目的、有计划地引导和支持。这种教育方式能够让孩子在父母的关爱和指导下，学会自我管理、自我激励。

具体来说，父母可以通过以下方式来表扬和鼓励孩子：

具体表扬：对孩子的进步进行具体而详细的表扬，让孩子知道他们哪些方面做得好，为什么做得好。

真诚鼓励：用真诚的态度鼓励孩子，让他们感受到父母的鼓励是出于内心的认可和支持。

适时反馈：在孩子取得进步后及时给予反馈，让孩子知道他们的努力是被看见和赞赏的。

适度期望：根据孩子的能力和发展阶段，设置合理的期望和目标,避免给孩子带来不必要的压力。

正面引导:在孩子犯错时,用正面的方式引导他们认识到错误,并鼓励他们寻找解决问题的方法。

情感支持:在孩子遇到困难时,给予情感上的支持和安慰,让他们知道父母是他们坚强的后盾。

榜样示范:父母通过自己的行为为孩子树立榜样,展示如何积极面对挑战和困难。

共同成长:与孩子一起学习和成长,分享彼此的经验和教训,建立互信和互学的家庭文化。

通过这些方式,父母可以有效地表扬和鼓励孩子,帮助他们建立起积极的自我形象和自信心。

● 父母的付出,不等同于孩子的成绩

在当今社会,随着教育资源的日益丰富与多元化,培养下一代的成本也悄然攀升至前所未有的高度。家长们怀揣着"望子成龙,望女成凤"的深切期望,不惜倾尽所有,只为给孩子铺设一条通往成功的康庄大道。他们坚信,通过不懈的努力与投入,定能激发孩子潜能,让孩子绽放璀璨光芒。

然而,教育的果实并非总能如约而至,即便是最真挚的付出,也不能保证收获满满的喜悦。在这场漫长而复杂的育儿旅程中,不少家庭遭遇了令人心酸的现实——父母们不辞辛劳,为孩子购置堆积如山的学习资料,聘请资深家教一对一辅导,甚至不惜重金报名各类补习班与兴趣班,只盼孩子能在学业上有所突

破。然而，当一张张成绩单摆在眼前时，那并未显著提升的分数却如同冷水浇头，让满怀希望的父母们顿时心灰意冷。

面对这样的结果，一些父母难免会感到深深的失望与痛心，情绪难以自抑之下，或许会不经意间向孩子流露出"考这么差，你对得起我吗？"的责备之言。这背后，既是对孩子成绩的不满，又是对自己辛勤付出未获相应回报的无奈与不甘。父母的焦虑与不安如同阴云笼罩，让整个家庭氛围变得沉重而压抑，而孩子，则在这无形的压力下，变得愈发小心翼翼，生怕自己的任何不足都会成为父母失望的源泉。

在电视剧《带着爸爸去留学》的剧情中，刘敏涛精湛地演绎了刘若瑜这一角色，一位为爱牺牲、全心奉献却遭遇情感错位与误解的母亲形象。刘若瑜，本是国内医疗界一颗璀璨的明星，作为脑外科大夫，她拥有令人羡慕的职业前景与专业技能。然而，出于对子女未来教育的深切期许，她毅然决然地选择了另一条道路——放弃个人事业与梦想，远赴重洋，成为一名全职陪读母亲。

在美国的日子里，刘若瑜的世界仿佛被重新定义，她不再是那个在手术台上冷静果敢的医生，而是化身为"陈凯文妈"，一个全身心投入儿子生活点滴中的母亲。她的每一天，都围绕着儿子的饮食起居、学业进步而转，仿佛自己存在的意义仅在于此。这种近乎自我牺牲的爱，虽深沉却也透露出一种无奈与悲哀，因为她渐渐发现，自己似乎失去了自我，成了儿子生活的附属品。

然而，这份沉甸甸的爱并未得到儿子陈凯文的完全理解与感激。青春期的叛逆与自我意识的觉醒，让陈凯文对母亲的过度关怀产生了抵触情绪。在他看来，母亲的这种"牺牲式"的爱，更像是一种无形的压力,让他感到窒息,甚至在某些时刻,他会毫不客气地反驳母亲:"我让你来了吗?我求你来了吗?"这样的话语,无疑像一把锋利的刀,深深刺痛了刘若瑜的心。

在育儿的过程中,许多家长都秉持着"有付出必有回报"的信念,尤其是在教育投资上,不惜重金与时间,期望能够看到孩子显著的进步。然而,教育并非简单的投入与产出的线性关系,它涉及众多复杂的因素,包括孩子的个性、兴趣、学习方法、心理状态,以及家庭环境、学校教育等多个方面。

家长们往往容易陷入一个误区,即认为只要为孩子提供了足够多的学习资源和辅导,就能确保他们取得优异的成绩或显著的成长。但实际上,每个孩子都是独一无二的,他们有着不同的学习节奏和方式,对知识的吸收和理解能力也各不相同。因此,盲目地堆砌补习班、家教和辅导资料,并不一定能达到预期的效果,甚至可能适得其反,增加孩子的学习负担和心理压力。

某地高考结束后,一位落榜生的母亲无比痛心地说,十有八九的父母不如她对孩子的付出多。从孩子2岁起,她就开始为其精心设计、悉心打造,各种特长班、兴趣班上了不计其数。从学前班开始,各科都请了家教,一对一的名师辅导班没少上,各种提高成绩的方法也都对孩子轮番试过。可是,自己累白了头发累老了心,孩子的成绩没上去,对自己的付出也不领情。

父母以爱为名义的付出,在孩子那里可能成了负担。当父母不断强调自己付出多,孩子成绩差对不起自己,孩子听了就会感到"爸爸妈妈付出了这么多,我欠他们的,如果我考不好,就对不起他们!"或者"如果没有我,我爸妈会活得更轻松,是我拖累了他们!"

虽然孩子会因为愧疚而更加努力,但当心理压力过大时,孩子就会产生厌学情绪,甚至破罐子破摔。细心观察生活,我们可以发现这类"吃力不讨好"的事很多。就拿种花来说,每天悉心照顾,然而花儿却并不一定能如愿成长、绽放。孩子的成长与成才何尝不是这样啊!

>>> **错误的付出只会适得其反**

父母的付出没有回报,很大程度上是因为付出的并不是孩子需要的。有孩子在作文中写道:父母只顾给我施肥,但我缺的是水。他们总是对我说"你只需要好好学习,别的啥也不用管。"我也知道学习很重要,但他们却在无意间让我心情烦躁,让我厌学。当我成绩下滑时,他们从不与我谈心,而是一味地在身后驱赶我"要努力学习"。

父母只为付出而付出,有时候甚至沉迷于这种自我牺牲带来的自我感动,却不肯承认自己的付出孩子并不需要,甚至会害了孩子。

在电视剧《小欢喜》的姊妹篇《小舍得》中,"学霸"米桃的父母文化程度不高,爸爸开便利店,妈妈给别人当保姆,在城里没资源没人脉。但他们想让女儿有出息,想给女儿报最好的补习班。2万多元的费用虽然让他们着实为难,却还是咬着牙凑齐了。

这种牺牲和付出真的对孩子好吗?事实是,家中经济的窘迫让米桃很自卑,而且长期以来,只看重成绩的米桃身体发育受到了影响,心理压力也很大。在原著小说中,米桃最后患了严重的抑郁症,休学回老家了。

米桃妈只想女儿可以像别的城里孩子一样去学习更多知识,却忽略了自己的家境,她们没有那个条件。她的雇主田雨岚说的并没有错,以米桃妈的能力,没必要非让女儿去那么昂贵的补习班,她可以去其他辅导学校学习。米桃的班主任也提议,如果没有条件去旅游,那就多看书,去图书馆看书都是免费的。米桃妈看似是为了女儿好,其实更大一部分是自尊心在作祟,希望女儿能体面地进入人人羡慕的补习班。

在很多家长眼里,对孩子教育的重视程度取决于给孩子花钱的力度,总觉得孩子成绩不够好,就是钱没花到位。错误的付出只会适得其反,让原本能取得好成绩的孩子厌学了。

>>> **接纳孩子的平凡,让孩子在平凡中发光**

父母总是希望孩子成绩优异,每次考试都名列前茅,但那并不现实。一个班里,有几乎一半的父母要接纳孩子成绩平平,或者成绩不理想。当然,接纳不等于消极接受,不再做积极的努力去改变现状。接纳是指父母不再因为成绩差抱怨、责骂孩子,而是愿意去倾听和理解孩子的感受,愿意去了解孩子考试失败的真正原因,愿意和孩子一起面对学习的困境。

维超从小学到初二,成绩一直平平,尽管父母也给他报了不少补习班,课余时间也都安排得满满的,但未见起色。初二下学期,妈妈见他的成绩依旧,就在内心里告诉自己,孩子不是天才,也成不了神童,就别那么苛求了。于是,妈妈不再责骂孩子,也不再逼着他去上各种补习班。她开始每天抽出半小时和孩子聊天,询问他今天学了什么知识点,有哪些题目不会。

有时候也会帮着孩子一起解难题,有时会告诉他:"妈妈根本做不出来,你愿意明天请教老师后,回来给妈妈讲一遍吗?"维超有点诧异地答应了。

第二天回家,维超第一件事就是告诉妈妈昨天那道题他学会了。周末,她会给孩子留出一天时间,让孩子去做自己想做的事,想出去玩就出去玩,妈妈不阻止。另外一天,妈妈让他自己安排写作业和复习。

这样尝试了一段时间后,维超的成绩慢慢有了起色。而妈妈看着他把每周学的内容都掌握了,也不再像以前那么着急焦虑了。

养孩子也是投资,并不是所有投资都有相应回报。有时候,我们也要做好回报少,甚至没有回报的准备。

● 孩子成绩不好,鼓励比批评更有力量

在《中毒的父母》这本书中,有这样一句话:"没有一个孩子愿意承认自己比别人差,他们希望得到成人的肯定。"

在一个小镇上,住着一位少年,他心中藏着一个不解之谜:"为何我的同桌总能轻松摘得考试桂冠,而我即便全力以赴,成绩却总在中等徘徊?"终于,他鼓起勇气,向母亲倾诉了自己的困惑与自我怀疑:"妈妈,我是不是真的不如同桌聪明?我们明明都在同一间教室学习,完成相同的作业。"

母亲深知,直接谈论天赋的差异可能会让孩子陷入自我否定的漩涡,于是她温柔地回应:"宝贝,每个人的学习节奏和方式都是独一无二的。就像花园里的花朵,有的早春绽放,有的则静待

盛夏。你需要的只是找到适合自己的节奏，假以时日，定能绽放出耀眼的光芒。"

不久后，少年的成绩有所提升，考到了班级第 20 名，而同桌依旧稳居榜首。他再次向母亲寻求答案，心中难免泛起涟漪："妈妈，同桌是不是天生就比我聪明许多？"母亲心中虽有千言万语，却选择了一个更加生动而富有哲理的故事来回应。

一个周末，他们漫步至海边，望着海面上飞翔的鸟儿，母亲缓缓开口："看那些鸟儿，小灰雀灵活敏捷，海浪一来便能迅速振翅高飞。而海鸥，虽然起飞显得不那么迅速，甚至显得有些笨拙，但它拥有穿越整片大海的勇气和力量。孩子，你就像那只海鸥，虽然起步不疾，但你的坚持和毅力会让你飞得更远，看到更广阔的天地。"

母亲的这番话，如同海上的灯塔，照亮了少年前行的道路。他不再急于求成，而是专注于自我提升，享受学习的乐趣。岁月流转，这位曾经困惑的少年最终踏入了梦寐以求的学府，站在了更高的起点上。他深知，这一切成就的背后，都离不开母亲那份深沉的爱与智慧的引导。每当回忆起那段时光，他总是满怀感激地说："是妈妈，用她的智慧和耐心，为我铺设了一条通往梦想的道路。"

孩子能否成才、取得好成绩，聪明与否并非决定因素，重要的是持续不断进步，哪怕每次只有一丁点进步，那也是在提高。事实上，总是期待"大飞跃"是不现实的。万事万物都是在点滴积累的量变中迎来质变的。肯定孩子的付出和努力，孩子会多一点勤奋，多一点努力，这是一个良性循环的过程。

不要期望孩子瞬间飞跃，孩子只要坚持每天进步一点点，就总有一天会把差生的帽子甩得远远的。孩子考得不好，不能盲目批评，但也不能盲目鼓励。比如，你对考了倒数第一的孩子说："在妈妈眼里，你就是最棒的，最聪明的。"这会让孩子怀疑你的话，"我是最棒的，为什么还会考倒数第一？"进而发现父母在欺骗自己，根本不能从父母的鼓励中得到安慰和力量，更不用说重拾信心。那么，父母如何鼓励成绩不好的孩子，让他重拾信心。

>>> 共情陪伴，鼓励孩子跨越考试小挫折

当孩子面临考试失利时，他们的内心往往充满了挫败感和自我怀疑。作为父母，换位思考，与孩子共情，是给予他们情感支持和有效鼓励的关键。我们可以这样对他说："宝贝，是不是因为考试结果不太理想，所以心里有点难过呢？你知道吗，爸爸妈妈在你这个年纪，也有过类似的经历。那时候，我们也会因为一次没考好，就担心得在外面徘徊，不敢立刻回家面对。这没什么大不了的，因为每个人都有跌倒的时候，重要的是我们怎么爬起来，继续前行。"

通过这样的表达，我们与孩子共情，让他感受到我们的理解和支持，然后再慢慢地鼓励他，告诉他失败并不可怕，重要的是从失败中学习，重新建立对学习的信心。这样，孩子就能在我们的陪伴下，更加坚强地面对未来的挑战。

>>> 以鼓励代替责骂，共筑学习信心

面对孩子的学习成绩，尤其是当成绩不尽如人意时，作为家长，我们的情绪和反应对孩子的影响是深远的。持续的愤怒和责

备不仅无法激发孩子的学习动力，反而可能打击他们的自信心，让他们对学习产生抵触情绪。

我们应该学会调整自己的心态，以更加积极和建设性的方式来应对。当孩子这次考试排名依然和上次一样是倒数第一时，我们首先要做的是冷静下来，深呼吸，然后尝试从另一个角度去看待这个问题。

我们可以关注孩子在学习过程中的具体表现，比如上次他考了30分，而这次考了40分，这10分的进步就是非常宝贵的。我们可以这样对孩子说："宝贝，妈妈/爸爸注意到你这次考试比上次多得了10分，这真的是一个很大的进步！你付出的努力和坚持，妈妈/爸爸都看在眼里，感到非常欣慰。记住，进步是一个持续的过程，只要我们不放弃，每一点小小的进步都会累积成巨大的成功。妈妈/爸爸相信你，只要你继续加油，下一次一定会有更大的突破。"

通过这样的鼓励和肯定，我们可以帮助孩子树立学习的信心，让他们感受到自己的努力和进步是被看见的、被认可的。同时，我们也要和孩子一起分析学习中存在的问题，制订合适的学习计划，帮助他们找到适合自己的学习方法，从而进一步提高学习成绩。

>>> 表扬孩子用功学习的样子

有些孩子天生就特别聪明，他们稍微用点功，成绩就能噌噌往上涨。作为家长，我们常常会被孩子的聪明才智所吸引，但我们也得明白，过分强调孩子的聪明可能会让他们忽视了努力的重要性。所以，我们应将重点放在夸奖孩子的努力上。

我们可以这样对孩子说:"宝贝,你每天作业都按时完成,上课还那么专心听讲,这就是你成绩进步这么多的原因。"通过这样的夸奖,我们让孩子明白,勤奋努力才是取得好成绩的关键。

我们得让孩子心中牢牢记住"勤奋努力"这四个字,这样他们就不会对自己放松要求,反而会越来越用功。我们得让孩子明白,聪明只是起点,而努力才是成功的关键。

你知道吗?科学家也说了,经常被夸努力的孩子,他们心中会有个念头:只要我肯努力,任何困难都不怕。就算碰到再大的挑战,他们也不会轻易说放弃。就这样,一个困难接一个困难地解决,孩子的信心就越来越足,进步也就越来越大啦。

所以,作为家长,我们要时刻关注孩子的努力,给予他们充分的鼓励和肯定。我们要让孩子明白,成功不是一蹴而就的,而是通过不断的努力和坚持获得的。我们要让孩子知道,只要他们肯努力,他们就有可能战胜一切困难,取得成功。

● 分数之外,激发孩子的生活情趣

生活情趣是幸福生活不可或缺的一部分,它让我们在日常的点滴中发现美好,享受快乐,而这种能力在孩子身上往往体现得尤为纯粹和直接。孩子们拥有着一颗对世界充满好奇和热爱的心,他们能够从最平凡的事物中汲取到无尽的乐趣,这是成年人往往容易忽视或遗忘的宝贵财富。

然而,在当今社会,面对激烈的竞争和未来的不确定性,许多家长往往将关注点过多地放在了孩子的学业成绩和未来的职业发展上，从而无意识地限制了孩子探索世界、享受生活的空间。这种做法虽然可能在一定程度上促进了孩子的学习进步，但却可能以牺牲他们的心理健康、创造力和生活情趣为代价。

事实上，学习与生活情趣并不是相互排斥的。相反，一个拥有丰富生活情趣的孩子，往往能够以更加饱满的热情和积极的心态去面对学习，因为他们能够从生活中汲取到源源不断的灵感和动力。同时，通过参与各种有趣的活动和体验，孩子们也能够拓宽视野，增长见识，为他们的全面发展打下坚实的基础。

如果我们不只是希望我们的孩子能考出好成绩，还希望他成为一个快乐的人，那么我们就不能忽略对孩子生活情趣的培养。这种培养不是带孩子去上一个兴趣班就能搞定的，而是需要我们自己先做一个有情趣的人。

微信公众号"十点读书"的签约作者菀彼青青曾写过一篇文章，文章中讲述了这样一个故事。一次，作者去外地旅行，参加了当地景点举办的桃花节。作者遇到了一对母女。她们走在路上，突然间小女孩摔了一跤，于是母亲便和女孩坐下来休息。不一会儿的工夫，这位母亲用野花和草编了两个花环，戴在了自己和女孩的头上，女孩不再为摔一跤而伤心，看见花环的瞬间便露出了笑颜。后来路过的孩子们也对她们头顶的花环羡慕不已，于是这位母亲又编了好几个花环送给那些孩子们，他们个个欢呼雀跃，开心极了。

一个随时随地都能保持生活情趣，并愿意哄孩子们开心的妈妈，一定是个热爱生活的人，也是一个内心温暖的人。当我们口口声声说，"希望孩子开心快乐"的时候，是否想过自己是不是一个快乐有趣的人？

想让孩子成为一个有情趣的人，父母首先就需要为孩子树立一个好榜样，比如热爱生活、热爱一切美的事物等，乐于和孩子去发现美，感受美。

新东方总裁俞敏洪在一次演讲中讲过这样两个故事，有一次他和家人去海边度假，看月亮一点点探出头，然后跃出水面，把淡淡的光辉洒在海面上，非常美。看了一会儿，俞敏洪说天有点凉了，回去吧。没想到女儿坚决不肯回去，非要等月亮升到头顶。最后，大家又在海边待了几小时看月亮离开水面，慢慢升高。

还有一次，俞敏洪带儿子去野外露营。回家后，儿子就在房间里搭了一个帐篷，钻进去睡。他问爸爸："我们什么时候能再睡在星星下面？"这句话让俞敏洪非常震撼。

俞敏洪问台下的观众，你们是否曾在晚上带孩子看月亮？是否曾和孩子一起躺在远离城市的草地上看星星？是否曾带孩子辨别过各种各样的农作物？

美无处不在，整洁舒适的家居环境，色彩协调的家具饰品，衣着服饰的出色搭配等，都会使孩子建立良好的审美观。我们可以让孩子玩些色彩鲜艳的玩具，玩水、沙子、泥巴、气球、各种纹理的布，通过感觉刺激大脑的发育，增加对色彩的敏感度。

我们也可以陪孩子在细雨中漫步，在草地上摸爬滚打，玩平衡木、玩球，在音乐中手舞足蹈，增加身体的协调性。观察1朵花、1片叶子、1颗星星、1只昆虫，愉悦身心，快乐的孩子才具有创造力。大自然的风声、雨声、鸟语花香，会给对大自然感兴趣的有情有趣的人带来灵感。

那么如何培养有情趣的孩子呢？

>>> **坚持每天写一段话**

每个孩子都是独一无二的，他们的小脑袋里装满了五彩斑斓的想法和感受。我们鼓励孩子拿起笔，或者轻触键盘，将这些宝贵的思绪记录下来，就像是在心中种下了一颗颗时光胶囊。不需要担心文笔是否华丽，也不需要刻意追求故事的完美，因为最重要的是那份真诚与自我表达。

坚持每天或每周记录下自己的所思、所感，甚至是对日常小事的观察，这不仅仅是一种练习，更是一次心灵的旅行。在这个过程中，孩子会发现自己的思维在悄然变化，对世界的理解也变得更加深刻和多元。

无论孩子是否认为自己擅长写作或讲故事，我们都应该给予他们最大的支持和鼓励。因为写作本身就是一个自我探索、自我成长的过程。它教会孩子如何观察生活、如何思考问题、如何表达情感。即使起初的文字显得稚嫩，但随着时间的推移，那份纯真与热情将会化作笔下最动人的篇章。

>>> **带孩子去看现场剧**

在五彩斑斓的童年世界里，儿童剧、音乐剧与布偶剧如同梦幻般存在，它们不仅仅是视觉与听觉的盛宴，更是孩子们心灵成长的催化剂。与电视屏幕上的影像不同，这些现场表演以其独特的魅力，为孩子们打开了一扇通往新奇世界的大门，让他们在欢笑与感动中收获无法替代的体验。

想象一下，当灯光渐渐亮起，舞台上的角色们活灵活现地演绎着一个个精彩纷呈的故事,孩子们坐在观众席中,目光紧紧跟随舞台上的表演,心随着剧情起伏跌宕。这种身临其境的感觉,是任何电视或网络视频都无法比拟的。在这里,孩子们可以感受到演员们通过肢体语言和面部表情传达的细腻情感,看到舞台布景与服装设计的巧妙构思,听到现场音乐与歌声的震撼人心。这一切,都让孩子们仿佛置身于故事之中,与角色同悲共喜,共同成长。

更为重要的是,这些直面观众的表演,为孩子们提供了一次难得的学习机会。他们可以亲眼见证演员们如何运用各种技巧——无论是夸张的肢体动作、生动的语言表达,还是巧妙的互动设计——来吸引并抓住观众的注意力。这种直观的教学,不仅让孩子们对表演艺术有了更深刻的认识,也激发了他们内心对创造与表达的渴望。即使孩子们现在还不能完全掌握这些技巧,但这份体验本身就已经足够宝贵,它像一颗种子,悄悄地在孩子们的心田里生根发芽,等待着未来某一天绽放出绚烂的花朵。

>>> 和孩子一起学做饭

在孩子的成长旅程中,每一次亲手制作并品尝美食的经历,都是一次宝贵而温馨的生活实践。从最简单的番茄炒蛋到精致的手卷寿司,这些看似不起眼的烹饪活动,实则蕴含着无穷的乐趣与成就感。

当孩子拿起锅铲,小心翼翼地翻炒着锅中的食材,那份专注与认真,仿佛是在进行一场神圣的仪式。随着火候的掌控与调料的添加,原本平凡的食材逐渐焕发出诱人的香气,那一刻,孩子的脸上洋溢着难以言喻的喜悦与期待。而当一盘色香味俱全的番茄炒蛋或一盘精致的手卷寿司摆在自己面前时，那种"这是我做的！"的自豪感油然而生，仿佛整个世界都变得格外甜美。

品尝着自己亲手制作的美食，那滋味，不仅是味蕾的享受，更是心灵的滋养。孩子们会惊讶于自己竟然能够创造出如此美味的食物，这种成就感与满足感，足以成为他们生活中一抹亮丽的色彩，激励他们在未来的日子里更加勇敢地去尝试、去探索、去创造。

更重要的是，这样的经历教会了孩子们独立与自信。在烹饪的过程中，他们需要学会观察、思考、判断与调整，这些技能不仅适用于厨房，还能够渗透到他们生活的方方面面。

>>> 见识更多有趣的人、事、物

在快节奏的现代生活中，我们往往会忽视身边的美好，尤其是作为家长，在追求事业与家庭平衡的同时，很容易将孩子的成长局限于书本与课堂之中。旅行，无疑是一种极佳的开阔眼界的方式。它不仅能让孩子亲眼见到书本上的知识在现实中的模样，更能让他们感受到不同地域、不同文化的独特魅力，从而培养出更加宽广的胸怀和包容的心态。如果工作很忙，没有那么多的时间，我们也可以从身边的小事做起，比如探索城市中的隐秘角落、参加社区的趣味活动、漫步在老街小巷中感受历史的沉淀，这些都是丰富孩子生活情趣、增进亲子关系的有效途径。

第八章

为未来做准备
——培养孩子的综合能力

● **自信是孩子走向未来的第一品格**

在人生的广阔舞台上,自信是那盏最亮的灯,照亮孩子前行的道路。缺乏自信的孩子,就像是被迷雾笼罩的小船,看不清方向,畏首畏尾,每一步都走得小心翼翼,生怕踏错一步。他们害怕尝试新事物,害怕失败带来的嘲笑和批评,因此在面对困难和挫折时,往往选择退缩和放弃。

然而,自信的孩子却截然不同。他们如同拥有魔法般的力量,无畏无惧,勇往直前。在自信的驱使下,他们敢于挑战未知,敢于尝试他人不敢之事。即使失败了,他们也能以乐观的心态面对,从中汲取教训,再次出发。这种勇于尝试、敢于失败的精神,正是他们不断进步的动力源泉。

在学习上,自信的孩子能够充分发挥自己的潜力,积极思考,勇于提问。他们不怕出错,因为错误是他们成长的阶梯。在生活中,他们同样能够保持这种积极乐观的态度,面对各种挑战和困难,都能够从容应对,展现出非凡的勇气和智慧。

更重要的是,自信不仅仅是一种心态,更是一种能力。有自信的孩子在未来的工作中,能够更好地与他人合作,更好地应对各种复杂情况。他们相信自己能够胜任工作,相信自己能够创造出更大的价值。这种自信,会让他们在工作中更加得心应手,更加出色。

因此,我们可以说,孩子可以没有各种才艺,可以没有高智商,但一定不能没有自信。自信就像是孩子的翅膀,带他们飞越重重困难,追逐心中的梦想。作为家长和教育者,我们应该注重培养孩子的自信心,让他们在未来的道路上更加坚定、更加勇敢。

科学研究揭示了一个令人深思的现象:孩子如白纸般纯净时,并未携带自信或自卑的印记。这份自我认知的塑造,很大程度上取决于他们成长环境中的关键人物——父母。遗憾的是,许多孩子在成长的道路上,逐渐失去了那份本应有的自信光芒,甚至被自卑的阴影所笼罩,而这往往与父母的教养方式息息相关。

当父母出于过度的担忧与保护,对孩子设下重重限制时,那些"你不行"的话语便如同锋利的刻刀,在孩子幼小的心灵上留下难以磨灭的印记。孩子想学游泳,探索水下的奇妙世界,母亲却以"早产儿,体弱"为由,阻止了孩子的探索。孩子对烹饪产生兴趣,想要亲手制作美味佳肴,却再次遭遇"你不行,你还小"的否定。一次次的拒绝与否定，如同冰冷的雨滴，逐渐浇灭了孩子心中自信的火焰。

在这样的环境下，"我不行"的意念如同野草般在孩子心中疯长，最终占据了主导地位。孩子开始怀疑自己的能力，对尝试新事物产生恐惧，甚至对任何挑战都失去了信心。这种自我否定的心态，不仅限制了他们的成长和发展，更可能伴随他们一生，成为难以摆脱的心理负担。

这是对孩子过度关爱和保护的结果。另一个不容忽视的极端便是家长对孩子抱有一种不切实际、近乎无限的期望。这种期望往往忽视了每个孩子独一无二的本质，他们如同世间万物，各有独特的闪光点与待发展的领域。孩子们之间的差异，不仅体现在才能与兴趣上，更深刻地根植于他们个性的多样性之中。

深入剖析，孩子个性的塑造是一个极为复杂且多元的过程，其中先天遗传基因作为生命的基础蓝图，为每个孩子铺设了不同的起点。而后的成长道路上，家庭经济状况的不同，为孩子们提供了迥异的生活条件和资源支持；教育环境的优劣，直接影响着他们知识体系的构建与思维方式的形成；生活给养的丰富程度，则关乎他们身心健康的全面发展；生存空间的广阔与否，决定了他们视野的开阔程度与社交圈的多样性；社会关系网络的建立，更是塑造了他们人际交往能力与情感认知模式的关键。

这些因素如同细腻的笔触，在孩子这张空白的画卷上勾勒出独一无二的图案，每个细节都深刻影响其成长轨迹，留下不可磨灭的印记。

然而，遗憾的是，众多家长往往未能深刻认识到这一核心事实，他们陷入了一种盲目的比较与期望的漩涡之中。他们坚信着"他山之石，可以攻玉"的理念，错误地将其他孩子的成就与能力视为自己孩子理所当然能达到的标杆。这种不切实际且过高的期望，如同沉重的枷锁，被无情地强加在了孩子的肩上。

家长们不顾孩子的兴趣、天赋及成长节奏，一味地逼迫他们去追求那些可能并不适合的目标。他们期望通过不断的施压与鞭策，让孩子在短时间内实现质的飞跃，却忽视了成长是一个循序渐进、需要耐心与理解的过程。结果，这种急功近利的方式非但没有激发孩子的潜能，反而让他们感受到了前所未有的压力与挫败感。

在这样的环境下，父母们往往陷入了一种"恨铁不成钢"的焦虑与失望之中，他们的努力似乎成了徒劳，不仅未能换来孩子的进步，反而可能导致了亲子关系的紧张与疏远。更为严重的是，孩子在这样的重压之下，自信心被一点点消磨殆尽，他们开始怀疑自己的能力，对未来充满了恐惧与不安，甚至可能产生逃避或反抗的情绪。

此外，还有部分家长未能充分认识到孩子自尊心的宝贵，常常以轻蔑之辞随意践踏，诸如"你真是个笨蛋""脑子怎么就不开窍呢"等话语，如同锋利的刀刃，在孩子幼小的心灵上划下一道道伤痕，逐渐侵蚀着他们的自信，使他们深陷自卑的泥潭。若说学业上的挫败尚可通过努力挽回，那么自卑情绪的滋生，则可能成为孩子成长路上更为隐蔽而致命的陷阱。

在人际交往的广阔舞台上，每个人，包括孩子，都怀揣着被尊重与认可的深切渴望。这种需求，是人性中不可或缺的一部分，如同生命之树需要阳光照耀才能茁壮成长。孩子的自信心，正是这棵生命之树初露嫩芽时的宝贵养料，而这份自信的源泉，很大程度上源自父母那双充满爱与尊重的眼睛。当父母以平等的姿态，用温暖的话语和行动去接纳孩子的全部——包括他们的优点与不足，孩子的内心便会种下自信的种子，逐渐生根发芽。

孩子的自信，绝非源自外界的指责、无情的打击或是无端的否定。相反，它是孩子在被接纳、认可、鼓励和赞美的氛围中，一点一滴积累起来的宝贵财富。很多时候，孩子并非缺乏能力去完成某项任务，而是被父母的不信任所束缚，这种不信任如同无形的枷锁，限制了他们的尝试与探索。因此，作为父母，我们应当成为孩子成长路上的引路人和支持者，学会以开放的心态接纳孩子的不完美，用欣赏的眼光发现他们的每一点进步，用鼓励的话语激发他们的潜能，用坚定的信任为他们插上自信的翅膀。

>>> **经常告诉孩子"你能行"**

一位儿童心理学家曾经说过："每一个孩子都是天才。"这句话深刻地揭示了每个孩子身上都潜藏着超越常人的独特才能与无限可能。作为父母，我们应当成为孩子成长道路上最坚定的信徒与最温暖的灯塔。

在日常生活中，我们应当时常向孩子传递这样的信息："去吧，孩子，你能行！"这不仅仅是一句简单的鼓励，更是对孩子能力与潜力的深切信任与肯定。它像一股无形的力量，激励着孩子勇于尝试、敢于挑战，不断探索未知的自己。

当我们对孩子说"你能行"时，实际上是在告诉他们：我们相信你拥有解决问题的能力，相信你有足够的智慧与勇气去面对困难与挫折。这种信任与肯定，能够极大地增强孩子的自信心与自我效能感，让他们在面对挑战时更加从容不迫、坚定不移。

同时，我们也需要明白，鼓励孩子并不意味着要他们去做超出能力范围的事情。真正的鼓励是建立在对孩子充分了解与尊重的基础之上的。我们要根据孩子的兴趣、特长及当前的能力水平，为他们设定合理而具体的目标，并引导他们一步步地朝着目标前进。

在这个过程中，我们还要学会倾听孩子的想法与感受，关注他们的成长变化与心理需求。当孩子遇到困难或挫折时，我们要给予他们及时的帮助与支持；当他们取得进步或成功时，我们要给予他们真诚的赞美与鼓励。这样的教育方式，不仅能够让孩子感受到来自家庭的温暖与关爱，更能够激发他们的内在动力与创造力，让他们在未来的道路上走得更加稳健与辉煌。

>>> 寻找孩子身上其他闪光点

每个孩子都是世间独一无二的宝藏，即便他们或许显得羞涩内敛，或是偶尔粗心大意，但只要我们用心去观察，定能发掘出他们身上那璀璨夺目的光芒。适时的赞美与鼓励，便是那点亮孩子心中自信的明灯，引领他们勇往直前。

小杰，他的学业成绩一度让家人忧心忡忡，尽管尝试了多种辅导方式，成绩却未见显著提升。然而，小杰的妈妈却从另一个角度发现了他的非凡之处——他那颗温暖而乐于助人的心。无论是主动为班上生病的同学送去关怀，还是细心地为同学修理损坏的物品，小杰的善举总能让周围的人感受到温暖。妈妈敏锐地捕捉到了这一点，频繁地给予正面反馈："小杰，你乐于助人的品质真是让人钦佩，妈妈为你感到骄傲！"这份正面的能量如同春风化雨，渐渐滋养了小杰的心灵，让他在班级中的表现愈发积极活跃。最终，他凭借这份热忱与责任感，被同学们推选为班级的生活小能手。小杰不仅尽职尽责地完成每一项任务，还总能在关键时刻挺身而出，引领大家共同前行。妈妈温柔地提醒他："现在你是大家的榜样了，学习上也要给自己定下更高的目标，做个全面发展的好孩子。"小杰听后，眼神中闪烁着坚定的光芒，郑重地许下了承诺。

这个故事提醒我们，作为父母，应当学会以成长的视角去审视孩子。孩子们正处于塑造自我的关键时期，他们的性格与能力都在不断地变化与成长。我们应当善于发现并珍惜孩子身上的每一个闪光点，用鼓励与赞美为他们插上自信的翅膀，让他们在人生的旅途中飞得更高、更远。

>>> **接受他人对孩子的夸奖**

当别人赞扬孩子时，父母应该坦然地接受这份赞美，并且可以顺势对孩子进行夸奖。例如，如果孩子在学校考试中取得了第一名的好成绩，朋友可能会说："考第一名真是太了不起了，真是个聪明的孩子。"父母可以这样回应："是挺厉害的，他每天都学到很晚，很不容易。"

这样的回应既肯定了孩子的努力，也让孩子明白自己的成功并非偶然，而是通过辛勤的努力换来的。这样的夸奖方式有助于增强孩子的自信心，让他们明白自己的努力是被认可和赞赏的。

同时，父母在私下里也需要教育孩子，不能因为别人的夸奖而骄傲自满。父母应该告诉孩子，虽然夸奖是一种肯定，但谦虚才是前进的动力。学会谦虚，才能保持进步，不断努力，追求更高的目标。父母可以通过生活中的例子，让孩子明白谦虚的重要性，以及谦虚如何帮助他们在学习和生活中取得更好的成绩。

总之，当孩子被夸奖时，父母应该以适当的方式回应，同时教育孩子保持谦虚的态度。这样的教育方式有助于孩子树立正确的价值观，培养出健康的自信心，并在学习和生活中取得更好的成绩。

● 吃过苦的孩子，不畏未来风雨

很多经历过艰苦岁月的父母往往不忍心看到孩子受苦，他们愿意为孩子承担一切，甚至是背书包这样的小事情。然而，正如南京师范大学郦波教授所言："真正的教育，是再富也要苦孩子。"这句话深刻地指出了教育的真谛。有远见的父母，应当理解到让孩子适度体验生活的艰辛，是培养他们独立性和韧性的重要途径。

通过让孩子亲身体验"不容易"，他们能够学会珍惜、感恩和自立。这种经历对孩子来说是一笔宝贵的财富，它能够让孩子在面对未来的挑战时更加坚强和从容。因此，作为父母，我们应该学会适当放手，不仅仅是在教育观念上的调整，还要在照顾孩子的过程中适度放手，让他们有机会去尝试、去挑战、去成长。

身家百亿的富豪霍启刚和妻子郭晶晶带孩子到农田体验插秧。他在微博晒出一组一家人戴着草帽，挽着裤腿，站在满是污泥的稻田里插秧的照片，并配文说："刚刚过了一个非常有意思的周末,跟老婆孩子一起去香港二澳村,体验了农民伯伯的辛苦。现在的孩子成长在幸福时代,没有饿过肚子,挑食和浪费成了习惯,他们需要知道粮食从哪里来,学会珍惜,学会知足。"干完农活后,一家人还一起享受了简单的农家菜。

闻名世界的大诗人于戈说:"你什么都可以给孩子,唯独对生活的经历,喜怒哀乐,成功挫折,你无法给孩子。经历不到这些,他就没有对生活的获得感。"父母如果舍不得让孩子吃苦,无论是物质上的苦还是精神上的苦,一点磕碰和一点委屈都不忍孩子承受,不仅不利于孩子身心健康成长,还会让孩子养成坐享其成,衣来伸手饭来张口的坏习惯,进而影响他未来的生存力。

"股神"巴菲特曾在一次专访中说过:"我准备让自己的子女先到别家公司里工作,让他在那里锻炼锻炼,吃吃苦头。我不想让儿子一开始就和我在一起,因为我担心儿子会总是依赖我,并指望我的帮助。"

有远见的父母明白"人无远虑,必有近忧"的道理。他们明白,从小培养孩子吃苦的习惯和能力,不仅能够让孩子在未来遇到更大挑战时,有更强的心理承受能力和应对策略,还能让孩子在面对困难时保持坚韧不拔的精神。通过适度的苦难体验,孩子能够学会如何在逆境中成长,如何将挑战转化为成长的机会。这样的教育方式,实际上是为孩子未来的生活和工作奠定了坚实的基础,让他们在人生的旅途中更加自信和从容。

在《少年说》的一期节目中,一位刚步入初中的女孩站在高台上,开口便对她的父亲说:"你真的太狠心了。"这句话让在场的主持人和同学们都感到困惑。随着女孩继续讲述,大家才了解到，在升入初一的暑假，她的父亲为她安排了为期3个月的军事化训练：每天早上五点半起床，进行跑步、跳绳、投球等各种体育活动，家里的三餐都由她负责烹饪，同时还要完成规定的课业量，并且接受父亲的考核。

女孩的叙述让台下的同学们对她的父亲投去了惊讶的目光。然而，这位父亲只是平静地问了女儿几个问题：新学期开始后，学习是否感到辛苦？女儿回答"不苦"。问她是否感到疲惫？女儿回答"不累"。再问她是否感到快乐？女儿回答"快乐"。在回答完这些问题后，女孩突然泪流满面，似乎领悟到了什么。

这位父亲随后解释说："这看似只是简单的军训，实际上是对人生的一种深刻磨砺。如果你能坚持3个月，那么你也就能坚持度过初中3年，甚至人生的30年。"他的话语深刻地表达了通过这样的锻炼，女儿不仅锻炼了身体，更培养出了坚韧不拔的意志和毅力，这些都是她未来人生旅途中的宝贵财富。

美国教育学家芭贝拉·罗斯说："父母必须让孩子知道，在成长的道路上，不可能是一帆风顺的。成功往往是与艰难困苦、坎坷挫折相伴而来的。"父母总想把更好的或者最好的留给孩子，但我们能留给孩子的礼物绝不是金钱、房子或车，而是应对一切困境的能力，是面对苦难的心态，是当我们离开这个世界时，他们拥有能够抵挡风浪、披荆斩棘，在这个世界砥砺前行的能力。

父母对孩子的爱也有大小、阔狭之分。那种唯恐对孩子管得不细、捆得不牢的爱是渺小、狭隘的爱。而主动让孩子多吃苦、多历练，养成健全的人格和独立的生存能力，才是宏大、广阔的爱。有远见的父母都舍得和懂得让孩子吃苦。

>>> 吃苦教育从小开始

一些父母可能会认为，孩子年纪尚小，无须过早地让他们接触吃苦教育，觉得等孩子长大了自然就会懂得什么是苦。然而，专家们指出，培养孩子的动手能力和吃苦精神与他们的年龄并无必然联系。相反，如果在孩子年幼时就有意识地培养他们不怕苦的精神，这将对他们未来的成长产生深远且积极的影响。

从小开始的吃苦教育，可以帮助孩子建立起坚韧不拔的性格，培养他们面对困难和挑战时的应对能力。这样的教育让孩子从小就懂得努力和付出的价值，明白任何成就的背后都需要辛勤的汗水和不懈的努力。通过早期的吃苦教育，孩子们能够在成长过程中逐渐独立、自律，并形成责任感，这些品质对他们未来的学习和职业生涯都有着不可估量的价值。

>>> 把吃苦融入日常生活中去

将吃苦教育融入日常生活，是一种更为自然和有效的教育方式。它不是通过刻意地告诉孩子："今天，我要让你体验吃苦。"这样的做法往往显得生硬且缺乏实际意义。真正的吃苦教育应该是潜移默化的，让孩子在不知不觉中接受挑战，培养出坚韧和独立的品质。

例如，在日常生活中，父母可以给孩子分配一些适合他们年龄和能力的自理任务，如整理房间、洗衣服、帮忙做饭等。在学习上，可以鼓励孩子自己安排学习计划，解决学习中的问题，而不是一遇到困难就立刻替孩子解决。这些看似平凡的小事，实际上都是在锻炼孩子的独立性和解决问题的能力。

通过这样的日常实践，孩子们在完成这些任务的过程中自然地学会了吃苦，他们的责任感、自理能力和解决问题的能力都会得到提升。更重要的是，这种教育方式让孩子明白，吃苦不是一种惩罚，而是生活的一部分，是成长过程中不可或缺的经历。这样的教育让孩子在未来的生活中更加坚强和自信，能够更好地面对各种挑战。

>>> 吃苦不等于"受虐"

吃苦教育的核心在于培养孩子的韧性和独立能力，但这并不意味着让孩子遭受不必要的痛苦或"受虐"。家长在推行吃苦教育时，应当明确区分吃苦与"受虐"的界限。

让孩子体验吃苦的过程，应当是基于孩子的意愿和兴趣，而不是通过家长的强制手段。一些父母可能会过分强调吃苦的好处，从而"逼"孩子参加诸如"吃苦"夏令营等活动，不考虑孩子的感受。这种做法可能会让孩子将吃苦视为一种惩罚，从而在心理上产生抵触和负面情绪。这种被迫的吃苦，反而会削弱孩子的忍耐力，导致教育目的无法达成。

所谓的"虎妈""狼爸""鹰爸"式的教育方法，虽然看似严格，但如果不考虑孩子的感受和能力，很容易变成一种变相的"受虐"。因此，父母在实施吃苦教育时，首先需要评估孩子的承受能力，并且在尊重孩子意愿的基础上进行。教育应当是一种温和而富有智慧的引导，而不是简单的强迫命令。

家长应当通过合理的方式，让孩子在安全的范围内体验挑战，学会坚持和努力，同时保持对生活的热爱和对未来的积极态度。这样的吃苦教育，才能真正帮助孩子成长，培养出他们面对困难的勇气和解决问题的能力。

● 创造力，人工智能无法替代的能力

未来，它总是以我们无法预知的方式展开。正如《南风窗》杂志深刻指出的那样：无论我们如何构思未来，那些想象都显得过于天真。在这个时代，人工智能、物联网、云计算等尖端技术名词如潮水般涌现在我们的朋友圈，它们不仅成为日常话题，更是让家长们感到深深的忧虑。我们不禁要问：在这个瞬息万变的世界，我们正在培养的孩子，他们将来真的能够顺利融入并适应那个充满未知和挑战的未来社会吗？

在 TED 的讲台上，李开复曾发表了一场引人深思的主题演讲，题为《在这场 AI 浩劫中，唯有创造性工作方能全身而退》。他在演讲中深刻地指出："我们正迈向一个人工智能主导的未来，失业的巨浪即将席卷全球，而在这场变革中，唯有从事创造性工作的人能够幸免于难，因为人工智能擅长的是优化过程，而非创新创造。"

美国著名心理学家 E. 保罗·托伦斯对此有着更为明确的研究成果，他得出结论：创造力与个人成就之间存在正相关关系，这一预测指标比智商等其他衡量标准更为精确。如果我们的孩子们缺乏创造力，即便他们拥有再高的学历，也难以在未来的失业风暴中立足，甚至可能被无情地淘汰，消失在时代浪潮中。

那么，究竟何为创造力？心理学家们普遍认为，具备创造力的孩子往往展现出新颖、恰当且高品质的创造性思维，这正是

创造力的核心所在。例如,古代故事中司马光砸缸救人的机智举动,三国时期诸葛亮运用空城计智退敌军的策略,都是创造性思维闪耀光芒的典型例证。这些故事展现了在面对突发情况时,如何通过独特的思维方式解决问题,这正是创造力的魅力所在。

在2010年《新闻周刊》发表的文章《创造力危机》中,有这样一句引人深思的话:"高达98%的学前儿童都拥有与生俱来的创造力,然而,一旦他们踏入学校教育的门槛,只有2%的学生能在成长的道路上持续保持这种宝贵的创造力。"这一数据揭示了创造力在传统教育模式下的流失。

那么,我们该如何呵护孩子们的创造力呢?关键并不在于如何"直接向孩子传授创造力",而在于如何创造一个适宜的环境,让他们的创造力得以扎根、茁壮成长,并最终开花结果。这意味着,我们需要提供一个充满鼓励、自由探索和容错空间的环境,让孩子们的想象力不受束缚,创新思维得以自由驰骋。

在米歇尔·雷斯尼克所著的《终身幼儿园》一书中,提出了五个策略来教父母保护孩子的创造力。这五个策略分别是想象、创造、游戏、分享和反思。

>>> **想象**

"想象力比知识更为重要。"这是伟大的科学家爱因斯坦留给我们的至理名言。爱因斯坦在回顾自己的成长历程时,多次提及他在童年时期所体验的那种惊奇感。他曾经这样说过:"思维世界的发展,从某种意义上讲,就是不断从'惊奇'中解脱出来的过程。"在他看来,学生最宝贵的动力源泉就是想象力和好奇心。

作为父母，我们可以利用空白的纸张、未经触碰的画布及干净的屏幕，激发孩子的想象力，鼓励他们自由地表达自我。例如，我们可以建议孩子为他们的作品加入自己的声音，或者融入一些个人的想法。同时，引导他们思考如何能够做到与众不同，怎样才能赋予作品独特的个性化风格。

我们不应该将想象局限在脑海中的活动，实际上，动手实践同样至关重要。父母应当鼓励孩子们去摆弄、探索各种物品，比如拆解玩具、修理小物件。这样的实践不仅能够锻炼孩子们的动手能力，还能够进一步激发他们的创造力和解决问题的能力。通过这些活动，孩子们可以将抽象的想象转化为具体的创造，从而在成长的道路上不断探索和前行。

>>> **创造**

创造性活动的种类繁多，它们不仅能够丰富孩子的课余生活，还能够激发孩子们的无限创意。例如，孩子们可以动手进行各种手工艺制作，如利用废弃的卫生纸筒搭建起一座座城堡，用树叶塑造出一个个生动的玩偶，或是将旧衣服改造成别具一格的灯罩。这些活动不仅锻炼了孩子们的动手能力，还培养了他们的环保意识。

许多父母倾向于为孩子购买各种高档玩具，然而，他们可能没有意识到，无论玩具多么昂贵，都比不上与孩子一同亲手制作玩具的过程来得珍贵。大自然提供了丰富的素材，如树枝、树叶、石头，而家中常见的纸杯、纸壳、毛线、面粉等，也都是孩子们进行创造性活动的绝佳材料。

每个孩子都有自己独特的兴趣所在，有的孩子喜欢用乐高积木搭建宏伟的城堡,有的孩子对编织色彩缤纷的手链情有独钟,还有的孩子则热衷于制作美味的甜点。这些活动无不是孩子们发挥创造力的舞台。

此外,写诗和编故事也是一种极具创造性的活动。孩子们可以通过这些活动,深入体验创造的过程,从中获得成就感和满足感。作为父母,我们的任务就是发现并支持孩子找到他们喜爱的创造方式,或者鼓励他们尝试各种不同类型的创造性活动,让他们的想象力得到充分的发挥,创造力得到有效的培养。通过这些活动,孩子们不仅能够学习到创造的价值,还能够体会到探索和学习的乐趣。

>>> 游戏

很多父母在孩子的游戏选择上,倾向于那些被认为能够开发智力的游戏,他们认为这样的游戏对孩子的成长更有益处。相比之下,对孩子玩泥巴、沙堆等看似简单的游戏,他们可能不太支持,甚至有些担忧这些活动是否"有用"。然而,这种看法可能忽略了一个重要的事实:游戏的价值在于过程,而非单一的结果。

游戏是孩子们探索世界、学习新技能和表达自己的方式。在游戏的过程中,孩子们可以自由地发挥想象力,尝试不同的解决方案,这些都是培养创造力和问题解决能力的重要环节。父母如果能够放下对"有用"游戏的偏见,与孩子一起投入游戏中,无论是搭建积木、捏塑泥巴,还是角色扮演,都能成为开启孩子思维和创造力的钥匙。

在游戏的过程中,父母可以和孩子一起发明新的玩法,开启奇思妙想的模式。比如，孩子们在玩泥巴时，不仅可以塑造各种形状，还可以模拟建造房屋、挖掘隧道，甚至可以结合自然元素，如树叶、小石子，创造出一个小小的生态系统。这些活动不仅能够促进孩子感官的发展，还能够激发他们的好奇心和探索欲。

因此，父母不应该过分担忧"什么样的游戏最有益"，而应该更多地关注游戏是否能让孩子感到快乐，是否能够激发他们的兴趣和参与度。通过游戏，孩子们可以在轻松愉快的环境中学习，这种学习往往是最深刻、最持久的。父母的支持和参与，将为孩子的游戏增添更多的乐趣和价值。

>>> **分享**

孩子们天生乐于分享自己的想法，并且愿意与他人合作，但他们有时可能不知道该怎么去做。作为父母，我们可以帮助孩子找到合作伙伴，无论是在现实生活中还是在网络空间里。例如，我们可以组织一群有着相似兴趣的孩子一起进行创作活动，比如共同制作雕塑、编排戏剧或进行其他艺术创作，让他们在合作的过程中学会交流和沟通。

在网络世界里，孩子们可以通过在线平台、论坛或社交媒体与来自不同地方的同龄人建立联系，共同参与项目。这样的合作不仅能够拓宽他们的视野，还能让他们学习如何在虚拟环境中有效沟通和协作。

当孩子们全身心投入项目创作中时，父母可以通过提问来引导他们的思考。例如，可以问："你是怎么想到要这样做的？"或者"在这个项目中，最让你感到惊讶的是什么？"这样的问题能够鼓励孩子们反思自己的创作过程，发现新的视角，并激发他们改进作品的欲望。

在孩子们描述自己的想法时，父母往往不需要提供额外的信息或解决方案。孩子们在表达过程中往往能够自己发现问题所在，并思考如何解决。这种自我发现和解决问题的过程对培养孩子的独立思考和创新能力至关重要。

>>> **反思**

许多父母可能不太习惯与孩子分享自己的思考过程，这往往是因为他们不想在孩子面前表现出自己的困惑和不确定性。然而，与孩子讨论自己的思考过程实际上是父母能够给予孩子的最宝贵的礼物之一。

当孩子们听到父母在思考问题时的策略，以及在面对不同方案时的犹豫和不确定时，他们会开始理解思考本身是一个复杂且充满挑战的过程。这种透明度不仅能够帮助孩子建立起对错误和不确定性的接受态度，还能够鼓励他们对自己的想法进行深入反思。

如果父母是一个具有创造性思维的人，那么在孩子们模仿父母思考方式的过程中，他们也很可能会发展成为创造型思考者。孩子们通过观察父母如何处理问题、如何从失败中学习、如何将想法转化为行动，能够学习到解决问题的重要技能。

当然，想象、创造、游戏、分享和反思，这不是一个单一循环，当孩子经历了这个过程，又获得了新想法，就继续下一个螺旋式的迭代，再次开启一个新的创造力循环。随着螺旋的每一次迭代，你都会有新的机会来支持孩子进行创造力的活动。

● 抗挫折力，是孩子行走世界的底气

"某学校四年级学生跳楼，跳楼前曾向老师请假未被批准""某学校研究生跳楼自杀，因为论文未通过"……每每看到类似的新闻，我就感到无比窒息。从小学生到博士生，各个年龄阶段都有自杀的案例。

李玫瑾教授曾说："孩子需要经历挫折，挫折训练是性格当中非常重要的内容。只有拥有强大的逆商，才能使人生的格局更大。"俞敏洪也说："父母向孩子传递逆商，是一件比上大学更重要的事！"

俞敏洪说自己在大学里又窝囊又自卑，因为他高考考了三次才进入北大，英语水平也不好。不过，他说自己之所以有今天的成就，是因为他有必不可少的逆商。

有逆商的孩子一般性格较为开朗，更加自信、勇敢，能很快从不良情绪中走出来。面对挫折，他们会积极寻找解决方案，而不是抱怨。从小让孩子学会正确面对挫折和失败，甚至有意经受挫折，有助于孩子更加健康地成长。

一位美国儿童心理学家说："有十分幸福童年的人常有不幸的成年。"很少遭受挫折的孩子，长大后会难以适应激烈的竞争，并为此深感痛苦。孩子早晚都要自己进入社会，许多父母却不敢把孩子放出去，怕他们因为没有经验而遭遇挫折失败，怕他们轻信别人上当受骗。这样做的结果，也许能避免孩子走弯路，但也会让孩子的心理承受能力得不到锻炼和增强，经不起一点小小的挫折。

对孩子进行挫折教育不是简单的批评、说教，也不是故意让孩子"自找苦吃""以苦为乐"。真正的挫折教育应该是抗挫折教育，使孩子有勇气面对困难，有能力克服困难。比如学走路时摔倒了，大人不去扶，让孩子自己爬起来；出去玩时，孩子玩累了，不想走了，不要马上让孩子休息，而是鼓励孩子再坚持一会儿……同时，进行挫折教育时，父母还要注意以下几点。

>>> 帮孩子调整心态

当孩子们遭遇挫折和困难时，他们的情绪往往会变得沮丧和失落，这是人之常情。然而，如果我们在这时对他们进行责骂和呵斥，这无异于在孩子的伤口上撒盐，会使得他们更加害怕面对挫折。因此，建议父母采取正确的方法来帮助孩子度过这段情绪困境。

首先，我们需要帮助孩子进行情绪和心理上的调整。我们应该让孩子明白，困难并不意味着绝境，而是一个成长和学习的机会。通过这样的方式，孩子们能够更正确地认识困难，从而更好地面对和克服它们。

其次，我们可以通过改变看问题的角度来改变孩子对事情的看法。例如，可以利用塞翁失马的故事，让孩子看到挫折积极的一面。这样的故事能够让孩子明白，即使在看似不幸的情况下，也可能隐藏着转机和希望。

事实上，只要父母对孩子的努力行为给予正确的评价，那么鼓励孩子克服困难和挫折就会变得更加容易。孩子们也能够更正确地看待自己的行为和结果之间的关系，从而更加自信地面对生活中的挑战。

我们应该成为孩子的支持者和引导者，而不是批评者和惩罚者。通过正确的方法和态度，我们可以帮助孩子建立起强大的心理防线，使他们能够在面对挫折和困难时，保持积极和乐观的态度。

>>> **设置适当的挫折**

在孩子的成长过程中，培养他们面对困难和挫折的能力是至关重要的。这不仅能够帮助他们更好地应对生活中的挑战，还能够增强他们的心理韧性。因此，父母可以在平时的生活和学习中，有意识地设置一些小困难和障碍，以此来锻炼孩子的耐挫折能力。

例如，有一位家长就为孩子布置了两个特别的作业。第一个作业是要求孩子每天上下13楼，不使用电梯。第二个作业是每天上学和放学的时候，要求孩子不乘坐汽车，而是坚持步行走3站路。这样的安排能够让孩子体验到体力上的挑战，同时也能够锻炼他们的意志力。

在为孩子设置困难时，父母需要遵循一些原则：

适度原则

父母应该为孩子设置具有一定难度的挫折，这样能够激发孩子的挑战欲，但同时也要确保这个难度不会让孩子感到无法克服。过大的困难可能会让孩子感到挫败，从而影响他们的自信心。

循序渐进

父母应该逐渐增加挑战的难度，让孩子有一个适应和成长的过程。如果挑战难度增加得太快，可能会超出孩子的能力范围，从而击垮他们的自信心。

及时鼓励和表扬

在孩子克服困难时,父母应该及时给予鼓励和表扬,以强化他们的积极性。这种正面的反馈能够激励孩子继续努力,面对更大的挑战。

关注情绪反应

父母应该关注孩子的情绪反应,但不要过度干预。在孩子遇到困难时,父母应该给予温情的鼓励和必要的心理支持,帮助他们渡过难关。

通过这样的方式,父母不仅能够培养孩子的耐挫折能力,还能够增强他们面对挑战的信心和勇气。

>>> **在孩子退缩时鼓励**

当孩子遭遇挫折,并准备退缩时,父母的支持和鼓励对他们来说至关重要。父母应该及时注意到孩子所取得的每一个小成绩,无论多么微小,都应当给予肯定和赞扬。一句简单的"你行的""干得很好""你真勇敢"或"好样的",都能够激励孩子,激发他们更强的斗志,鼓励他们去努力克服困难。

当孩子一次又一次地战胜困难,他们就会逐渐积累勇气,增强战胜困难的决心。这样的经历不仅能够帮助孩子锻炼出坚强的性格,还能够增强他们的自信心,使他们更加坚定地面对生活中的挑战。

随着孩子年龄的增长,他们最终会步入社会,独立面对生活中的种种风风雨雨。如果孩子在成长过程中没有学会以正确的心态来面对挫折,那么在成年后,他们可能会因为无法适应激烈的社会竞争和复杂多变的环境而感到痛苦和困扰。

因此，作为父母，我们的责任是教育孩子如何正确面对挫折，如何从失败中吸取教训，如何保持积极的心态，以及如何勇敢地迎接生活中的每一个挑战。通过这样的教育，我们可以帮助孩子建立起强大的心理防线，使他们能够在未来的社会中立足，并取得成功。

● 竞争意识，适度培养，不必过度

"天下没有免费的午餐"这句话深刻地提醒我们，无论是在学习还是未来的职场生活中，竞争都是存在的，而且是不可避免的。如果孩子没有竞争意识，不去积极争取，那么谁会主动让一片天地给他？甚至于孩子可能成为一条"蚕"，老鹰吃它，小鸡啄它，连蚂蚁也围着咬它……

心理学研究发现，激发孩子参与竞争的热情和动力，可以促使孩子不断提高自己、超越自己。值得庆幸的是，孩子们的竞争意识与生俱来，刚学会说话的时候，他们会对别人说"这是我的""我的最大"……类似表达竞争的话语。上了小学后，班级和学校里会有更多的竞争活动，比如老师以组为单位给予的各种奖励，学校组织的大型体育比赛，等等。因此，培养孩子的竞争意识，让他们明白通过努力和竞争才能获得成功，是父母和教育者的责任。

然而，竞争意识的培养应该是适度的。过度的竞争可能会给孩子带来不必要的压力和负面影响。过度的竞争压力可能会导致孩子产生焦虑、抑郁等心理问题,甚至影响他们的身体健康。因此,父母和教育者应该注意培养孩子的竞争意识,同时也要关注他们的心理健康。

>>> 适度培养竞争意识

心理学研究表明,孩子在 6 至 12 岁的年龄段,自我意识最为强烈,他们对竞争的结果也特别敏感。这一时期,孩子正处于成长的关键阶段,父母应该抓住这个时机,鼓励孩子积极参与集体活动,以此来激发他们参与竞争的热情和动力。

在这个年龄段,孩子们开始意识到自己的能力,并开始与他人进行比较。父母可以通过组织或参与孩子学校的活动,如运动会、才艺展示等,来鼓励孩子参与竞争。在这个过程中,孩子们可以学会如何设定目标、如何努力实现目标,以及如何面对竞争中的成功与失败。

1. 创造竞争环境

培养孩子的竞争意识,父母可以采用一些日常生活中的小游戏,比如早晨起床时,可以和孩子比赛谁先穿好衣服、扣好扣子。这样的小竞赛不仅能够锻炼孩子的反应能力和动手能力,还能激发他们的竞争欲望。

此外,父母还可以鼓励孩子和同龄的小朋友一起参与各种游戏和学习活动,并巧妙地引入竞争元素。比如,一起搭建积木时,可以设定一个目标,看谁先完成;或者在户外跑步时,看谁跑得更快。这些简单的比赛形式能够让孩子在游戏中自然而然地体验到竞争的乐趣,同时也能培养他们的团队合作精神。

通过这些小游戏和活动,父母不仅能够激发孩子的竞争意识,还能够帮助他们学会如何在竞争中保持积极的心态,学会面对胜利和失败,这些都是孩子成长过程中宝贵的经验。

2. 比赛游戏

在空闲时间里,父母可以和孩子一起玩一些创意小游戏,比如剪纸比赛或者用橡皮泥捏小动物。这些活动不仅能增进亲子关系,还能培养孩子的创造力和竞争力。

在剪纸比赛中,父母可以和孩子一起选择喜欢的图案,看谁先剪出最精致的作品。在用橡皮泥捏小动物时,父母可以鼓励孩子发挥想象力,创造独特的动物形象。这些活动不仅能够锻炼孩子的动手能力,还能激发他们的创造力和竞争意识。

在这些竞赛的过程中,父母应该表现出对孩子的支持和鼓励,让孩子感受到你的热情和关心。你们可以把作品放在家中显眼的地方,让孩子为自己的成果感到骄傲。同时,父母也可以和孩子一起讨论作品,鼓励他们分享创作过程和感受,这样能够增强孩子的自信心和表达能力。

3. 适当激励

在培养孩子竞争意识的过程中,父母需要根据孩子的反应来调整激励方式。每个孩子对竞争的敏感度和反应都不同,因此父母的引导方式也应因人而异。

如果孩子对竞争的反应比较平淡,父母可以多给予一些激励和鼓励。父母可以通过言语上的表扬、小奖励或者额外的关注来提高孩子的参与度。例如,当孩子完成了一个小挑战时,可以称赞他们:"你真棒!这么快就完成了,你一定很努力。"这样的正面反馈能够激发孩子的自信心,并鼓励他们更加积极地参与竞争。

相反，如果孩子对竞争的反应比较强烈，父母需要更加小心地引导他们。在这种情况下，父母应该帮助孩子理解竞争是一种积极的行为，而不是一种激烈的对抗。父母应该教育孩子学会控制情绪，比如在比赛结束后，无论输赢，都要学会尊重对手，并且保持冷静。此外，父母也可以通过转移孩子的注意力，比如进行一些轻松的活动或者讨论，来帮助他们放松心情，避免过度竞争带来的压力。

>>> **树立正确的竞争观念**

从某种意义上来说，有竞争意识当然对孩子的成长有利，但是当孩子的竞争意识过分膨胀，好胜心过于强烈时，往往会滋生出自私、嫉妒、霸道，缺乏团结和团体精神等负面情绪。这样的孩子在集体生活中往往也容易被人孤立，而他的竞争意识也会遭受损伤。因此，父母要帮助孩子树立积极正确的竞争观念。

1. 区分竞争和嫉妒

"知心姐姐"卢勤女士曾谈到过竞争与嫉妒的问题，她告诉孩子们说："比如说两个人比赛跑步，后边的人想，前边的人最好让石头绊倒摔一跤，好让我超过他。这就是嫉妒，嫉妒是把自己的成功建立在别人失败的基础上。反过来，后边的人想，我要用力跑，超过他，一定要超过他。这就是竞争，竞争是把成绩建立在自己努力的基础上。"

当别人在竞争中获胜，不少孩子都会不服气，对别人的成绩冷嘲热讽，父母就要及时引导。引导孩子把嫉妒转变成动力，才不会让竞争变味。

2. 引导公平竞争

如果为了竞争不择手段，如为评上三好学生、优秀干部，进行送礼请客拉票，为取得老师的信任而诽谤他人等行为。即便这样得到了自己想要的结果，也不是非常光荣和自豪的。父母要让孩子懂得竞争的原则，以公平、公正的心态去参与。竞争应有利于集体和他人，同学之间的竞争应有利于共同提高。

3. 向对手学习

孩子很容易敌视对手，甚至诋毁对手。父母要教会孩子尊重对手，正视对手，与对手进行良性比较。父母应告诉孩子，竞争并不意味着打败对方，更高级的竞争方式是把对手视为自己学习上的伙伴和朋友，积极学习对手的优点，向对手请教问题，主动与对手合作。

4. 不只为争第一而比赛

当孩子只看到比赛中的冠军和奖杯，父母要引导他看到比赛中的友情、成长和面对困难的坚定信心。当孩子只是为了争第一而比赛，那么即使能得到奖杯又有什么用呢？

5. 正确面对竞争的胜败

有竞争，就必然有胜利，也肯定有失败。胜利时，父母要让孩子认识到山外有山，楼外有楼，不可自满；失败时，也别以为世界末日到了，关键是找出失败的原因和努力的方向。父母更不要因为孩子的失败而责备、讥笑，这样很容易使孩子气馁，失去信心，丧失竞争意识。

帮孩子树立正确的竞争观念，孩子才能怀着一颗积极的心去面对残酷的竞争。

● 独立思考的能力，孩子未来更优秀的关键

网上曾广泛传播一则幽默段子，其内容调侃道："你热衷于聆听创业者的讲座，沉浸于哈佛大学的公开课程，对BAT（百度、阿里巴巴、腾讯）这些互联网巨头的战略布局了如指掌……你对罗永浩的热爱甚至超过了乔布斯，无论遇到谁都要热情地宣讲互联网思维……倘若你恰好符合这些描述，那么很可能你仍旧每日在地铁的人潮中挤挤挨挨。"

为什么那么多人各种努力学习，却未能实现自己心中的理想，甚至生活状态堪忧？关键原因在于他们缺少独立思考的能力。他们往往没有形成自己的见解和判断力，而是盲目地跟随他人的步伐，无论对错，都急匆匆地投身其中。这种现象并非一蹴而就，而是从他们的童年时期就开始逐渐形成的。他们从小就习惯了不假思考地遵从他人，这种盲从的习惯随着时间的积累，逐渐根深蒂固，最终导致他们在成年后依然难以摆脱这一模式。

叔本华曾说："从根本上来说，只有我们独立自主的思考，才真正具有真理和生命。纯粹靠读书学来的真理，与我们的关系，就像假肢、假牙、蜡鼻子甚或人工植皮；而由独立思考获得的真理就如我们天生的四肢，只有它们才属于我们。"

培养孩子们具备独立思考的能力至关重要，它将帮助他们在一个信息爆炸、谣言四起的社会中辨别真伪，筛选出有价值的信息，摒弃那些无益甚至有害的言论。只有这样，孩子们才能在成长过程中形成自己的价值观和判断力，而不是盲目跟随他人，最终在社会的浪潮中失去自我。

然而，培养孩子的独立性并非易事。孩子们在幼年时期往往依赖性强，父母出于关心和保护的心态，很难完全放手。这种过度的担忧和干预，往往会导致孩子缺乏独立性。父母在批评孩子缺乏主见的同时，却常常不自觉地在各个方面为他们做决定，这种矛盾的行为模式，不仅未能培养孩子的独立思考能力，反而可能抑制了他们个性的发展。

那么，如何使孩子变得有"主见"，成为一个具有独立思维的人？

>>> **提出问题启发孩子思考**

我们可以经常向孩子提出问题，这样能够激发他们的大脑，使其保持活跃状态，这不仅能够锻炼他们的思维能力，还能培养他们解决问题的能力。这种方法有助于孩子们形成独立思考的习惯，让他们在面对复杂问题时能够自主寻找答案。

理查德·菲利普·费曼，美国知名的物理学家，他的父亲在引导他进行思考方面展现出了非凡的智慧。费曼的父亲巧妙地扮演了一个外星人的角色，这个"外星人"在与费曼的交流中，会提出许多关于地球的问题，例如："为什么地球上有白天和黑夜的区别呀？""为什么会有不同的气候和天气变化呀？"通过这种设问的方式，费曼不仅学到了丰富的知识，更重要的是，他学会了如何思考。

随着时间的推移，费曼的父亲带着他前往博物馆，目的是激发孩子对博物馆展品的兴趣。在这个过程中，他依旧采用了提问的方法。他先让费曼阅读一些与展览相关的书籍，随后向他提出问题。面对费曼未能理解的部分，父亲会用浅显易懂的语言为孩子进行解释，确保费曼能够领会和理解。通过这种互动式的学习方式，费曼的父亲不仅传授了知识，更是培养了费曼独立思考和解决问题的能力。

父母利用这种方法，能够让孩子从全面和新颖的角度思考，让孩子勇于突破常规的想法，提出自己独到的见解。

>>> 鼓励孩子提出问题

提问的行为本身就是思考的体现。作为父母，应当积极鼓励孩子多发问，勇于提出那些"独辟蹊径"的问题。面对生活中那些习以为常的现象，激励孩子去提出疑问。当孩子向父母提出看似幼稚的问题时，绝不能嘲笑他们。因为孩子们是站在他们的视角来观察世界的，他们用自己独特的方式在思考。只要孩子们开始动脑思考，父母就应当给予他们肯定。

例如，当你陪伴孩子参观科技展览时，你可以激励他们提出问题，比如询问产品的材料构成，这个设施的具体功能是什么。如果孩子提出了一些让你难以当场回答的问题，并且你当时的心情并不好，也请不要感到烦恼或草率应对。最好的做法是告诉孩子："这个问题确实有点难，爸爸（妈妈）也不是很清楚，我回去查查资料再告诉你，你也可以向老师或者朋友寻求答案。"并且要言出必行，绝对不能对孩子食言。

这样的做法不仅能够保护孩子的好奇心，还能教会他们如何独立寻找问题的答案，培养他们自主学习和解决问题的能力。父母的态度和行为对于孩子来说，是最好的榜样和引导。

>>> 鼓励孩子发表自己的意见

在压抑和限制性强的环境中成长的孩子，往往因为思想被父母所左右，难以形成自己独立的见解和观点。因此，我们应当为孩子营造一个民主而和谐的家庭氛围，只有在这样的环境中，孩子的思维才能得到充分的激发，他们才会勇于表达自己的思想和观点。

许多孩子之所以不敢大胆地表达自己的想法，主要是因为他们担心说错了会遭到父母的批评。所以，即使孩子说得不够准确，我们也应该让他们完整地表达自己的看法，之后再去给予恰当的引导和纠正。对孩子提出的正确观点，我们应当给予积极的认可和赞扬，这样可以增强孩子主动表达自我观点的自信心。

>>> **用完成故事结尾启发孩子思考**

孩子们通常对听故事情有独钟，我们可以利用这一点，通过讲故事但故意留下开放式结局的方式来引导他们发挥想象力和进行思考。这种方式让孩子在享受听故事的乐趣的同时，也能学会动脑筋，他们往往会乐在其中，而不会感到厌烦。这种做法也是培养孩子独立思考能力的有效手段。

独立思考的特质在一个人的一生中扮演着极其关键的角色。如果一个孩子具备了独立思考的能力，他们就会擅长发现问题，并通过思考和分析来寻找解决问题的方法。那些养成独立思考习惯和具有独立思考品质的孩子，在长大后，他们的视野会比其他人更加开阔，思维也会更加细致和周密。

● 终身学习力，是孩子未来的武器和铠甲

复旦大学原校长杨福家教授曾说："今天的大学生从大学毕业刚走出校门的那一天起，他4年来所学的知识已经有50%老化掉

了。为了使你在明天依然是一个货真价实的人才,一定要有学习力作为你的后盾。"

我们正处在一个知识迅猛发展和快速变化的时代,信息和知识的更新换代速度呈现出几何级的增长,它们如同具有半衰期的元素一样,随着时间的推移不断贬值。正如杨福家教授所言,大学教育中所学到的知识,到学生毕业时,已有相当一部分变得过时。这种快速的折旧现象,对于在小学和初中阶段被教授的知识来说,其影响更是难以估量。

像以前"前 20 年学习,后 20 年应用所学知识谋生"的时代已经结束了,现代父母们不应再持有孩子只要毕业于知名大学、获得一份稳定工作就能确保一生无忧的陈旧观念。现实情况可能恰恰相反,当孩子们走出校园、踏入社会,他们可能会意识到,真正的学习之路才刚刚开启。

在社会这个更大的课堂中,孩子们将面临前所未有的挑战和问题。如果他们缺乏持续学习和适应的能力,很可能会在快速变化的环境中感到困惑和无助。因此,孩子们必须培养出强大的学习能力,这样才能在遇到新问题时迅速找到解决方案,而不是束手无策。

未来,我们的孩子在学习上的投入将远超过以往任何时候。学习不再是学校课堂上的专属活动,而是渗透到他们的日常生活和工作中,成为一种持续的生活方式。他们需要不断地吸收新知识、掌握新技能,并且学会如何快速地将所学应用于实践。毋庸置疑,真正让孩子在未来拉开差距的一定是终身学习力。

耶鲁大学前任校长理查德·查尔斯·莱文曾说:"真正的教育

不是传授知识和技能。从耶鲁大学毕业的学生，如果拥有专业的知识和技能是耶鲁大学最大的失败。"他认为专业的知识和技能，是学生在毕业后根据自己的需求才应该去学习和掌握的，而不是学校教育的任务。

那教育应该教什么呢？理查德·查尔斯·莱文说："教育的核心是培养人终身学习的能力，教育应该达到的理想境界是，不教任何专业化的知识和技能，但却能让人胜任任何学科和职业。"

也就是说，我们教给孩子的不应该是知识和技能，而应该是学习的能力，以及对学习和知识的热爱。

那么，我们应该怎么去培养孩子终身学习的能力呢？

>>> 培养学习的内驱力

内驱力是孩子们持续学习、不断进步的内在源泉。它不同于那些仅仅为了取悦他人而表现出来的勤奋，而是一种源自内心的、对达成目标的强烈渴望和热忱。这种力量不寻求外界的认可或物质的奖励，而是孩子们自己为了满足内心深处的需要和追求，自然而然产生的动力。

孩子们天生就充满了好奇心和探索欲，他们渴望自己尝试新事物，自己解决问题。从孩子们坚持要自己吃饭、自己穿衣、不断提问的行为中，我们可以看到他们对学习的天然兴趣和能力。作为父母，我们的任务是保护和培养这种天生的学习欲望，为他们提供探索世界的机会和环境。

然而，现实情况是，一些孩子的学习热情可能因为父母的过度干预或缺乏耐心而受到抑制。父母可能无意中通过替孩子做决定、替他们完成任务，或者对孩子的问题表现出不耐烦，从而削弱了孩子们的自主学习能力和探索精神。

对那些内驱力尚未充分显现的孩子，我们可以通过多种方式来激发和培养他们的内在动力。首先，通过树立积极的榜样，无论是历史上的伟人还是孩子身边的普通人，都可以成为孩子学习的典范。但切忌把向榜样学习变成消极比较，比如"你看看邻居小飞，年年都是班长，你连个小组长都混不上"。这就把"别人家的孩子"变成了仇人，而不是榜样了。

其次，设置合理的目标也是激发内驱力的重要手段。这些目标应该是清晰、可量化的，并且适合孩子的能力和兴趣。对较大的目标，我们应该帮助孩子将它们分解为短期目标，并具体到每个学期、每周甚至每天的计划中。这样可以帮助孩子逐步实现目标，避免因目标过于遥远而感到挫败。

最后，正向的心理体验是孩子通过自己的努力达成目标后，体验到的愉悦感、成就感和掌控感。这些正面的情感体验会增强他们的自信心，并进一步激发他们的内驱力。我们应该鼓励孩子们体验这种成功的喜悦，并将其转化为持续学习的动力。

>>> **培养自主学习的习惯**

长久以来，人们普遍认为学校教育是获取知识的主要甚至是唯一途径。这种观念根植于社会心理，以至于在当今社会，学区房因其邻近优秀学校的优势而备受青睐。然而，随着互联网技术的飞速发展，这种传统观念已经受到了挑战。

在今天这个信息时代，互联网为人们打开了获取知识的全新大门。无论身处何地，无论年龄大小，只要有网络连接，我们就能够接触到世界各地的优质教育资源。在线教育平台汇集了众多杰出教育者的课程和讲座，他们来自世界顶尖的教育机构，拥有丰富的教学经验和深厚的学术背景。

通过在线教育，学习者可以根据自己的兴趣和需求选择课程，享受个性化的学习体验。这种学习方式不受时间和地点的限制，使得终身学习成为可能。无论是想提升专业技能的职场人士，还是对特定领域充满好奇心的学生，都能在在线教育中找到合适的学习资源。

父母在孩子成长过程中扮演着至关重要的角色，特别是在培养孩子成为终身学习者方面。在这个知识更新换代异常迅速的时代，单纯依靠学校教育已不足以满足未来社会的需求。因此，我们需要引导孩子掌握利用搜索引擎检索信息的技能，教会他们如何运用各种高科技产品来解决实际问题。

我们应该鼓励孩子探索各种学习资源和工具，无论是在线课程、教育软件，还是图书馆的丰富藏书。通过这种方式，孩子们可以学会如何自主学习，培养解决问题的能力，并形成批判性思维。

此外，我们自身也应该成为终身学习的榜样，通过自己的行为来展示学习的重要性和乐趣。家庭中的学习氛围和父母的态度，对孩子的学习观念有着深远的影响。

培养孩子的终身学习能力，不仅是教会他们如何获取知识，更重要的是激发他们的内在动力，让他们理解学习的目的远不止于学校的成绩和排名。终身学习力是孩子未来适应社会变化、实现自我发展的关键。

最终，我们的目标是帮助孩子建立起自主学习的习惯，培养他们对知识的渴望和对学习的热情。这种能力将成为孩子在未来社会中立足的坚实基础，是他们不断进步和创新的源泉。正如铠甲保护战士一样，终身学习力将保护孩子在知识经济时代中勇往直前，不断超越自我，实现自我价值。

● 财商教育，给予孩子驾驭金钱的能力

在当今这个日新月异的时代，"理财"已不再是成年人专属的话题，"你不理财，财不理你"的智慧早已深入人心。随着社会的快速发展，财商教育已成为每位父母不可忽视的重要课题。它不仅仅是教会孩子如何管理金钱，更是培养孩子独立、自律和责任感的重要途径。

教育专家和心理学家的研究表明，孩子们从3岁起就开始对钱有了朦胧的认知，他们会好奇地问："这个是什么？""为什么我要用它？"这正是父母介入、引导孩子认识金钱、理解其价值的好时机。通过日常生活中的点滴小事，比如购物时让孩子参与选择商品、理解价格，或是在零花钱的管理上给予一定的自主权，父母可以在无形中培养孩子的财商意识，让财商与德商、情商、智商并行发展，共同塑造孩子的全面素质。

孩子的童年时期，是人格形成和价值观塑造的黄金阶段。在这个阶段，帮助孩子树立正确的财富观念，培养良好的理财习惯，就如同为他们种下了一颗智慧的种子，将在未来开花结果，惠及一生。它不仅能让孩子学会如何合理地规划和使用金钱，更

重要的是，能让他们在面对物质诱惑时保持清醒，懂得珍惜与感恩，理解"一分耕耘，一分收获"的道理。

财商教育的关键期，通常被认为是在5至14岁。这一时期，孩子的认知能力迅速提升，对周围世界充满了好奇与探索欲。父母应抓住这个黄金时期，通过生动有趣的方式，如游戏、故事、实践活动等，将理财知识融入孩子的日常生活中，让孩子在玩乐中学习，在学习中成长。

有些人用银行存款数额、个人拥有的净资产来衡量一个人的财商。他们认为：财商就是你能挣多少钱的能力。

但实际上，这是一种非常片面的看法。关于财商，理财专家说："财商与你挣多少钱没关系，它是测算自己能留住多少钱，以及让这些钱为自己工作多久的指标。随着一个人年龄的增加，如果钱仍然不断给你买回更多的自由、幸福、健康和人生选择，那么就表示着你的财商在增加。"

从理财专家的话中，我们可以知道：财商与你拥有的钱，与挣多少钱没有多大关系，财商可以通过培训和教育得到提升。财商是每个人都拥有的，只不过有些人的财商比较低，所以他们一生都在为钱工作，在财务困境中苦苦挣扎。另一些拥有较高财商的人一生都可以过得快乐、健康、富裕，不用为金钱的问题而担忧。

有些家长可能觉得，跟孩子谈钱太俗了，不想让他们太早接触。但其实，钱是我们生活中不可或缺的一部分，早点让孩子了解怎么管钱，对他们将来有好处。不然，他们长大了可能会因为不会理财而吃亏。

那么财商教育怎么教呢？其实不用讲那些复杂的经济理论，就教孩子一些简单的道理，比如：买东西要比较价格，看哪个更划算；每个月要存点钱，以备不时之需；如果有机会投资，也要先了解清楚再决定；等等。

然而，财商教育并非一蹴而就，它需要父母的耐心与智慧，更需要持之以恒的努力。父母应从早着眼，从小事做起，为孩子营造一个"多劳多得、劳有所得"的成长环境，让他们在实践中体验到赚钱的不易与理财的乐趣，从而逐步培养出善于理财的品质和能力，成为能够自主管理财富的小主人。

我们要记住：对孩子进行财商教育最为重要的一步是，在你给孩子金钱之前，首先给予他们驾驭金钱的力量。

那么，如何对孩子进行财商教育呢？

>>> 注意自己和孩子的语言

在家庭教育的温馨氛围中，我们应当细心呵护孩子的每一句言语，避免使用"我买不起"这样可能滋生消极情绪与限制思维的表达。相反，我们应当鼓励孩子以积极、探索的态度去面对生活中的每一个挑战，包括与金钱相关的问题。

当孩子看到心仪的物品却觉得价格高昂时，我们可以温柔地引导他们思考："宝贝，你觉得我们怎样才能买得起这个东西呢？"这样的问题不仅激发了孩子的创造力与解决问题的能力，还让他们学会了从"不可能"中寻找"可能"的思维方式。

通过这样的对话，我们传递给孩子的是一种积极向上的生活态度：面对困难不退缩，而是主动寻找解决方案。同时，这也培养了孩子的财商意识，让他们明白金钱并非万能的，但合理的规划与努力可以让我们离目标更近一步。

>>> 让孩子做有关财商的家庭作业

在日常生活中，除了让孩子认真完成学校的家庭作业，我们还应将目光投向更为广阔的领域——财商教育。随着社会的快速发展，仅仅依靠学校教育已难以满足孩子们未来成长的需求。因此，作为家长，我们有责任在课外时间为孩子们提供关于"财商"的额外教育，帮助他们打下坚实的财务基础。

孩子们的课外"财商"教育作业可以丰富多彩且充满乐趣。比如：

设计一个简单的模拟超市或市场游戏，让孩子使用假货币购买商品，学习预算和消费决策。

选取一个与金钱管理相关的故事，如《小狗钱钱》这样的儿童理财书籍，然后让孩子讨论故事中的财务教训。

让孩子绘制一个"梦想储蓄罐"，并在上面标注他们想要储蓄的物品或目标，让他们计算每月需要储蓄多少钱，以及达到目标需要多长时间。

设定一个角色扮演活动，让孩子扮演银行职员、商店老板或家庭成员，通过模拟交易学习金钱交换和储蓄的概念。

利用市场上的一些财商启蒙游戏，如大富翁、模拟城市等。这些游戏可以让孩子在游戏中体验赚钱、花钱、投资的乐趣，提高他们的理财能力。最关键的一点，是可以让孩子了解金钱的作用，学做金钱的主人，掌握一些基本的花钱技巧，而不是成为金钱的奴隶。

使用互动式网站，让孩子通过完成财务任务和挑战来学习理财。

让孩子记录一周内的所有消费，包括购买的商品或服务，以及花费的金额。分析消费记录，让孩子识别出哪些是必要消费，哪些是冲动消费。

另外，使用假钱模拟参与股市交易也是一个很好的财商教育实践活动。通过模拟股市的买卖过程，孩子们可以初步了解股市的基本运作原理、风险与机遇并存的特点，以及如何通过分析和判断来做出明智的投资决策。这样的实践活动不仅能让孩子们对金融市场有更直观的认识，还能培养他们的风险意识和理财能力。

当然，在进行课外财商教育时，我们也要注意方式方法。要根据孩子的年龄、兴趣和理解能力来选择合适的教育内容和形式，避免过于复杂或枯燥的知识传授。同时，我们还要注重培养孩子的自主学习能力和批判性思维，鼓励他们主动探索、积极思考并勇于尝试新事物。